Методология Кремля

日本人の知らない

「クレムリン・メソッド」世界を動かす11の原理

北野幸伯

集英社
インターナショナル

Методология Кремля

日本人の知らない

「クレムリン・メソッド」世界を動かす11の原理

北野幸伯

Методология Кремля

日本人の知らない

「クレムリン・メソッド」
世界を動かす11の原理

目　次

日本人の知らない クレムリン・メソッド 第3の原理

国家にはライフサイクルがある

まえがき

自らが主役となり、自らの手で、自らの人生をサバイバルするために

世界はいま、あなたの知らない「戦国時代」に突入している

これから、「なぜ、あなたはこの本を読んだほうがよいのか？」というお話をします。

あなたは、毎日朝早くから夜遅くまで、一生懸命働いているサラリーマンかもしれません。

最近は、厚生労働省から「残業代ゼロ！」などという物騒な提案が出され、戦々恐々としているかもしれません。

まだ独身かもしれないし、すでにお子さんがいる家庭を築いているかもしれない。

あるいは、もうすでに退職され、子育ても終えて、年金生活を送っているかもしれません。

あるいは、子育てや子供の進路について悩んでいるお母さんかもしれません。

自営業や中小企業を必死に営んでいる経営者のかたかもしれません。

これから少しでもいい会社に就職したり、いい大学に進学しようとがんばっている大学生や高校生かもしれません。

いずれにしても、「これから世界がどうなるか」「日本がどうなるか」を知ることは、すべての

日本人にとって、きわめて重要な問題になってきています。

私たち(というか、世界中の人々)は、すでにグローバル経済に組み込まれてしまいました。

そのため、世界で起こることは、すぐ日本とあなたに影響をおよぼします。

(例　リーマン・ショックからアメリカ発世界的経済危機が起こった　↓　日本の景気が悪くなった　↓　日本人Aさんがリストラされた)

もちろん昔から、どの国も世界で起こることの影響を受けてきました。

しかしいまは、もっと猛スピードで世界情勢の(特にネガティブな)影響があなたの生活を直撃します。

ですから、「この先、世界で何が起こるのか」「その結果、日本では何が起こるのか」を知ることが、ますます重要になっているのです。

それができなければ、年齢や性別、職業に関係なく、幸せな人生を送ることは「不可能」とすらいえるでしょう。

「……お話はごもっとも。

しかし、世界がどうなっていくのか?

その結果、日本はどうなっていくのか?

そんなもん、わかるはずがないでしょう?」

そう、普通はわからない。

そればかりか、「ますますわかりにくく」「ますます不透明に」なっている。

しかし、ご安心ください。

この本があるのですから。

私は、「より幸せに生きていくために、どうしたらいいのか」と悩んでいる日本の人々の「お手伝いがしたい」と願ってこの本を書きました。

その意図を理解してくださるかた。

これからの話に、ぜひ耳を傾けてください。

いまの世界が不安定なのは、アメリカの覇権が弱まっているため

まず、世界で最近起こったことの「大局」を説明します。

一九四五年から一九九一年までを、一般的に「冷戦時代」といいます。

別の言葉で、「米ソ二極時代」。

世界は、アメリカを中心とする「資本主義陣営」と、ソ連を中心とする「共産主義陣営」にわかれ、戦っていた。

しかし、一九九一年末、ソ連が崩壊して新しい時代がはじまりました。

それを、「アメリカ一極時代」といいます。

「アメリカ一極時代」は、クリントン大統領の前期(一九九三~二〇〇一年)と、ブッシュ(子)大統

左から、元イラク共和国大統領サダム・フセイン、元アメリカ合衆国第42代大統領ビル・クリントン、同第43代大統領ジョージ・W・ブッシュ

領の後期（二〇〇一～二〇〇九年）にわけることができます。

クリントン時代、アメリカは「ＩＴバブル」で空前の好景気を謳歌《おうか》していました。

ところが、ブッシュ時代になると、アメリカに一九九〇年代の勢いはなくなります。

まず、二〇〇一年、ＩＴバブルがはじけた。

また、同年九月一一日、同時多発テロが起こった。

アメリカは、「テロの首謀者とされるビンラディンをかくまっている」という名目で、アフガニスタンと戦争をはじめました。

二〇〇三年にはイラクとの戦争を開始。

攻撃の口実は、「フセインが大量破壊兵器を保有している」「アルカイダを支援している」でしたが、後に「両方とも大ウソ」だったことが暴露された。

それで、アメリカの権威は大きく失墜しました。

アメリカ経済は、二〇〇一年のＩＴバブル崩壊後すみやかに、今度は「不動産バブル」をつくり出すことで再び上昇気

2010年９月、尖閣諸島沖合で、日本の海上保安庁の巡視船に体当りしてきた中国漁船

流に乗りました(二〇〇一年から住宅価格が上がりはじめた)。

しかし、二〇〇七年には限界がきます。

不動産バブルが崩壊し、「サブプライム問題」が顕在化。

二〇〇八年九月一五日には「リーマン・ショック」が起こり、「一〇〇年に一度」と呼ばれる世界的大不況が訪れます。

これで、世界は「アメリカの没落」を確信しました。

二〇〇九年、世界のほとんどの国の景気は最悪。

ところが、この年も九%以上の成長を達成した国があります。

それが中国。

アメリカの弱体化を確信した中国は、凶暴化していきます。

二〇一〇年九月、尖閣《せんかく》中国漁船衝突事件が起こりました。

この事件、どう見ても中国側に非があるのですが、中国は日本に過酷な制裁を次々と課し、私たちを驚かせました。

数ある制裁のなかでも、「レアアース禁輸」などは、世界を仰天させます。

事件の直後、中国は、「尖閣はわが国固有の領土であり、『核心的利益』である！」と世界に宣言しました。

そして、日本が二〇一二年九月、尖閣を国有化すると、日中関係は戦後最悪になってしまいます。

ここ数年、中国政府高官たちは「日本に沖縄の領有権はない」「尖閣侵攻は日本、中国ほか他の国々に対し、だれが強者なのかを示すシンボリックな価値がある」(つまり、戦争は中国にとってよいことである)などと、恐ろしい発言を繰り返しています。

別の国にも目を向けてみましょう。

二〇一三年、アメリカは、「シリア攻撃」を画策。

しかし、プーチン・ロシアに阻止されてしまいました。

そのロシアは二〇一四年三月、ウクライナ領クリミア共和国とセヴァストポリ市を「サクッ」と併合し、世界を驚愕《きょうがく》させました。

世界に「戦国時代」が戻ってきたようです。

いったい、なぜ世界は不安定化しているのか？

そう、それは世界最強の国、世界唯一の極だったアメリカの覇権《はけん》が弱まっているからです。

共産主義陣営の覇権国ソ連が崩壊した後、旧共産圏ではさまざまな紛争が起こりました。

そして今度は、世界の覇権国アメリカが弱くなったので、世界中でいろいろな対立が表面化しているのです。

私はアメリカを「江戸幕府」にたとえ、現代日本を「第二の幕末時代」と呼んでいます。

経済も平和もますます危うくなりつつある日本

日本に話を移しましょう。

私は、一〇年以上前から、「日本はアメリカ幕府の天領《てんりょう》である」といっています。

そのことに対し、だれからも反対されたことがありません。

では、「天領」日本の現状はどうなのか？

みなさんご存知のように、日本経済は、一九九〇年代はじめの「バブル崩壊」からずっと低調でした。

一九九〇〜二〇一〇年を「暗黒の二〇年」などと呼びます。

日本はいま、どっちに向かっているのか？

いくつか数字をあげてみましょう。

日本のＧＤＰ(国内総生産)は、世界三位。

一位アメリカ、二位は中国になっています。

いっぽう、国際通貨基金(ＩＭＦ)のデータによると、日本の一人当たりＧＤＰは二〇一三年、三万八四九一ドルで世界二四位。

ちなみに、世界一位はルクセンブルクで一一万四二三ドル。

世界の名目GDPと1人当たりGDPランキング（2013年度）

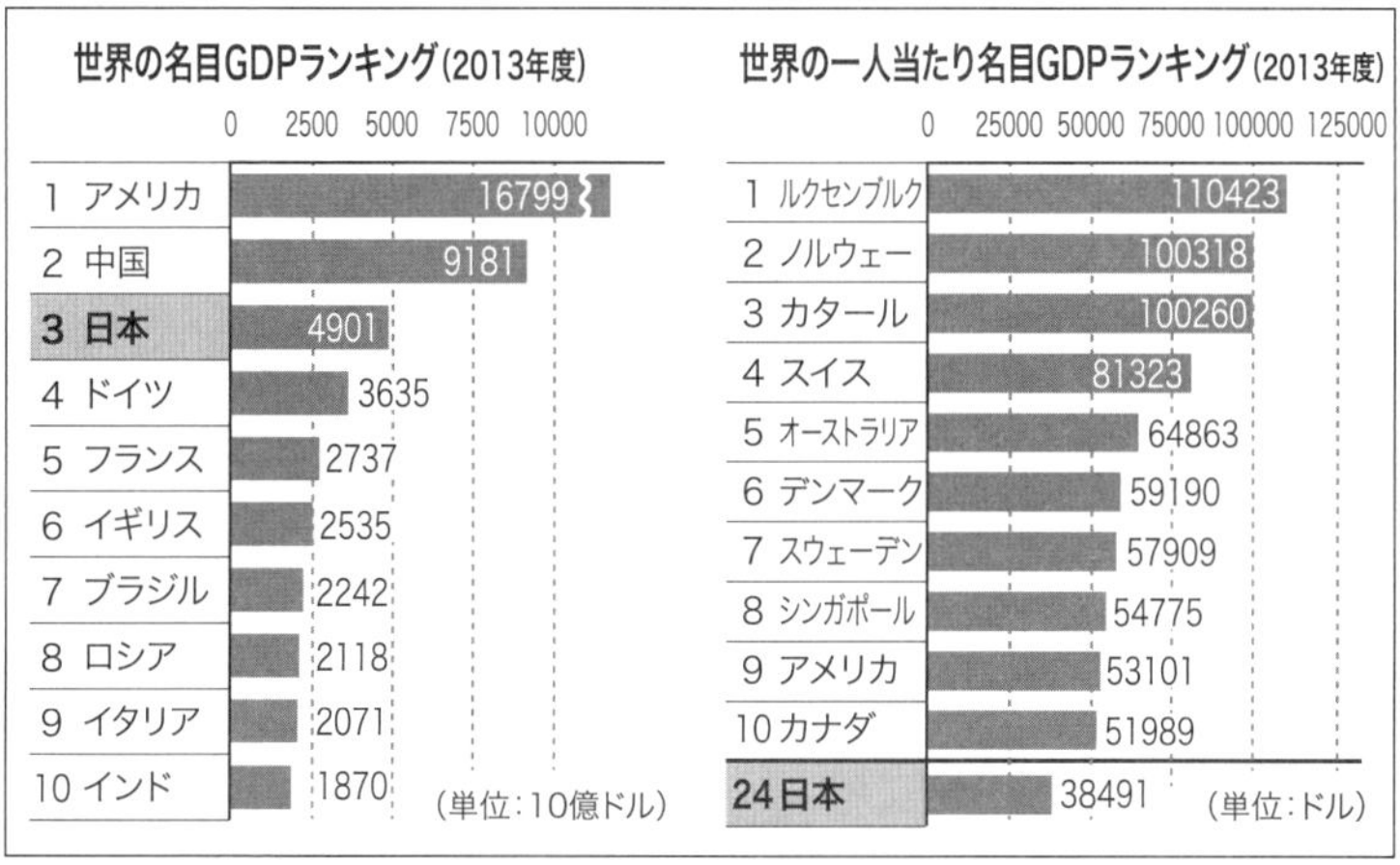

（出典：IMF "World Economic Database April 2014" より）

日本は、トップの約三分の一しかありません。

もちろん、「お金がすべて」とはいいません。

しかし、一人当たりGDPがかつては世界二位だったのが、いまでは二四位というのは、深刻な事態ではないですか？

もう少し身近な話をしましょう。

サラリーマンの平均年収は、一九九七年に四六七万円だったのが、二〇一二年には四〇八万円。

一五年間でなんと五九万円減少。

つまり、毎年平均四万円弱ずつ減っている計算になります。

非正規社員比率は、一九九二年に二一・七％だったのが、二〇一二年には三八・二％（！）。

なんと、雇用者の約四割が、「非正規社員」なのです。

そして、さらに驚くべき数字が出てきます。

正社員の平均年収は四六八万円。

非正規社員の平均年収は一六八万円。

その差、実に二・七八倍（！）。


どうですか、みなさん。

リストラは日常化し、給料は毎年下がっていく。

いっぽう、税金はどんどん上がっていく。

こんな反論があるかもしれません。

「アベノミクスで日本経済は復活する！　私たちの生活もどんどん楽になる！」

確かに、一部の人は豊かになっていくでしょう。

しかし、日本政府はいま、大部分の人の生活がマイナスになる政策を実施しようとしています。

一つは、前述したように、厚生労働省が労働者の「残業代をゼロにしよう」としている。

いままでは、会社で一二時間働けば四時間分の残業代が出た。

しかし、これからは一二時間働こうが一五時間働こうが、いままでの八時間分しか出なくなる可能性が高い。

つまり、実質賃金が大幅に減少する。

もう一つ、政府は「移民を毎年二〇万人ずつ入れよう」としている。

労働力があらたに二〇万人ずつ供給されれば、これも賃金下げ圧力になります。

考えてみてください。

外国人が「私、月一〇万円でも喜んで働きます！」という。

日本人が、「月一八万円でなんとか……」という。

企業はどちらを採用するでしょうか？

答えは明らかです。

それでももし日本人が働きたければ、「では、移民と同じ条件で」といわれるに決まっています。

どうでしょうか？

残念ながら、これから先、日本のマクロなトレンドは、「大多数の庶民にとって大変厳しい」といわざるをえません。

もちろん、問題は「経済」だけではありません。

最大の問題は、日本の「安全保障」。

中国が、「尖閣、沖縄はわが国の領土である！」と主張し、沖縄県全部を強奪するための布石を着々と打っていることです。

私たちが幸せになれない本当の理由とは

ここから、「個人」の話をしましょう。

前述したように、日本のトレンドは、大衆にとって非常に厳しいものです。

しかし、それは日本に限ったことではありません。

アメリカの「ウォール街を占拠せよ！」運動のことを聞いたことがあると思います。

スローガンは、「We are the 99%!」(アメリカの九九％は、私たち庶民だ！)。

つまり、アメリカでは、九九％の人が貧しくなり、裕福になっているのは「一％だけだ」という主張です。

そこまで極端ではないでしょうが、事実アメリカでは、トップ二〇％が全資産の八五％を所有。残りの資産一五％を八〇％の人々でわけあっている。

つまり、「ものすごく貧富の差が開いた社会」なのです。

そして、残念ながら日本もそうなっていく方向性です。

では、いったい何がこのような「格差」を生み出すのか？

その理由はひと言ではいえません。

明治の思想家、福沢諭吉《ふくざわゆきち》は、「天は人の上に人を造らず、人の下に人を造らず」といいました。

つまり、「人類は生まれついて、みな平等なのだ」と。

ところが、実際には、「富むもの」「貧しいもの」「高い地位につく人」「低い地位にとどまる人」など、さまざまな格差がある。

その違いを、福沢諭吉は「学問をしているかどうかだ」と考え、『学問のすゝめ』を記しました。

確かに、この考え方には一理あるでしょう。

しかし、いまの時代、別の視点も必要です。

なぜか？

福沢諭吉のいうことを信じ、死ぬ気で勉強し、受験戦争を勝ち抜き、超一流大学に入った。

そして、超一流企業に入社した。

ところが、リーマン・ショックで突然リストラされた。

現実に、こういうことはありえます。

何しろ、パナソニックやソニーのような超一流企業でも、数千人、時には万単位のリストラをするご時世なのですから。


私は、「格差」が生まれる大きな原因の一つは、私たちの「情報に対するポジション」にあると思います。

では、どんなポジションがあるか？

1　情報を流す人。洗脳する人。支配者。
2　情報を正確に理解できる人。
3　洗脳されっぱなしの人。一般大衆。

すべての人は、「本質的に平等」です。

そして、この三つのなかで、あなたが「どのカテゴリーにいるか」ということと、あなたの「人格」とはまったく無関係です。

実際、3のカテゴリーのなかには、「善良」「勤勉」「正直」「優しさ」「利他的」「誠実」など、ありあまる「美点」を持つ人がたくさんいます。

その一方で、このような人たちが洗脳され、搾取《さくしゅ》されつづけているという明らかな現実があります。

この本は、普通の人(3)が、「世界中の支配者(1)の意図を正確に読みとり、正しい情報を見きわめ、『情報を理解できる人』(2)になる」ためのマニュアルです。

そして、だれもが「日本を含む、『世界のほんとうの姿』がわかるようになる」ためのマニュアルでもあります。

あなたがこの本に書かれている内容を理解すれば、「世界の支配者と同じ目」でこの世界を見ることができるようになるでしょう。

でも、それがいったい、どんな具体的メリットをもたらすのか?

この本は、「大学受験参考書」でも、「投資指南本」でも「金儲け本」でもありません。

しかし、きっと、あなたのこれからの人生に強い影響を与えるでしょう。

考えてみてください。

太陽は東から昇るとか、一日は二四時間であるといった客観的な現実は別として、主観的な「現実」は、自分の「心のなか」で起こったことが「実体化」されて生まれるものです。

しかし、実をいうと、普通の人の「心」は、「支配者」によって密かに、思いどおりにコントロールされている。

そのために、自分でも知らないうちにあなたの心は操られ、次にあなたのなかでそれがさも「当然の現実」のように「実体化」され、「しかたのないこと」「受け入れざるをえない事実」と感じるようになる。

だから、たとえば生活がじわりじわりと苦しくなっていくことも我慢せざるをえなくなる。

しかし、この本を読み、できるだけ正しく情報を理解することで、あなたは、あなたの人生を、あなた自身で決めることができるようになるでしょう。

現在、何かに「依存してきたタイプの人」は、「自立的な人間」になる道が開かれるでしょう。

この本は、きっと、あなたの脳に、ある強力なパラダイムシフトを起こし、あなたの心をクリアでシンプルなものにするでしょう。

なぜなら、「真実」がわかれば、まずあなたの「心」が変わり、次にあなたにとっての「現実」そのもの、つまり、「人生」や「生き方」が変わるからです。

「心の自由」を手に入れることは、「真の自由」を得るための重要な第一歩なのです。

「クレムリン・メソッド」とは、あなたがまったく知らなかった「世界の見方」

他人の「身の上話」など、あまり聞きたくありませんね。

そして、本人も、あまり話したくありません。

しかし、これからあなたにさまざまな話をしようとする私は、「いったい、どういう人生を送ってきたのか？」。

それを少しは知っておいていただいたほうがいいでしょう。

そこで「商品説明」のつもりで、お話ししたいと思います。


この本のタイトルにもある「クレムリン・メソッド」は、私が人生のなかで少しずつ学んできた「世界のほんとうの姿を知るための原理」をまとめたものです。（そのようなすでに確立された「メソッド(理論)」が、ロシアのどこかに存在しているわけではありません)。

では、いったい、いつ、どこで、どのようにして私はそれを身につけたのか？

1　モスクワ国際関係大学での教え

私は、「ロシア外務省付属モスクワ国際関係大学」という大学をはじめて卒業した日本人です。

ソ連時代、この大学は、「卒業生の半分は外交官に、半分はＫＧＢ《カーゲーヴェー》に」といわれた大学(実をいうと、世界の外交官の多くはスパイを兼任しています)。

卒業生にはラブロフ・ロシア現外相(二〇一四年現在)、コズイレフ元外相、スルコフ元大統領府長官、ロシアの代表的企業の一つであるインターロスグループ代表で、元第一副首相のポターニンなどがいます。ロシア以外では、アゼルバイジャンのアリエフ大統領も同大学出身。

この特殊な大学では、教授も学生も「国益とは何か？」を毎日のように討論していました。

また、「国益を達成するには何をすべきか？」を、学生である私たちは徹底的に叩きこまれました。

そして、ロシアのエリートが何を学び、どんな思考を身につけているのかを直接知ったのです。

1996年６月、モスクワ国際関係大学初の日本人卒業生として卒業式に臨む筆者

さらに、「世界の見方」「問題認識」「問題解決方法」などが、日本・欧米のそれとは明らかに違うこと（もちろん、同じケースもあるでしょう）がわかりました。
日欧米とロシアの反応は、身近なことから大事件にいたるまで、「正反対」といっていいほど異なっています。
そもそも、日本と欧米もかなり違いますね。
しかし、日欧米とロシアの「世界観」は「異次元」といえるほど違うのです。

2　ソ連崩壊とその後の混乱、そして復活を目の当たりにした体験

私は一九九〇年から現在（二〇一四年）まで二四年間、ロシアのモスクワに住んでいます。

長野県の高校を卒業後、ゴルバチョフにあこがれて一九九〇年にモスクワに留学したものの、その翌年、いきなりソ連という国家が消滅するのを目撃しました。

私は、「国が崩壊したときの庶民の生活が知りたい」と思い、一九九二年から九八年まで一般家庭（レオノビッチさんという反体制詩人の家）にホームステイさせてもらいました。そしてありがたいことに、その一家からまったく家族同様の扱いを受けて生活をさせてもらったのです。

そしてそこで、「国が滅びると、一般庶民にはどういう影響があるのか？」を直接肌で体験しました。

一九九〇年代、私には、ロシアは「このまま永遠に沈みつづけるのではないか？」と思われた。

ソ連崩壊後の1994年、寄宿先の反体制詩人レオノビッチ氏宅にて、氏と談笑する筆者

しかしそんな絶望感とは裏腹に、ロシア経済は一九九九年からプラス成長に転じます。そして、二〇〇〇年にプーチンが大統領になると、以後二〇〇八年まで、年平均七％の成長をつづけたのです。

一つの国家の崩壊から復活までのプロセス、そしてその間の苦しみや悲しみ、また希望や喜びを、一般ロシア人民衆と同じレベルで体験し、つぶさに観察することができた。

「成り行き」でそうなったとはいえ、こういう経験を持てた日本人はあまりいないと思います。

カルムイキヤ共和国初代大統領キルサン・イリュムジーノフ(写真右)と肩を並べる、大統領顧問就任当時(1996年7月)の筆者(写真左)

3　さまざまな支配者たちとの交流

私は一九九六年、エンヤエフ・サンジという名の一《いち》好青年と偶然知り合い、すぐに親しくなりました。

彼は、カスピ海北西岸にあるカルムイキヤ共和国(二〇一四年現在、二二あるロシアの自治共和国の一つ)出身で、あとで知ったのですが、同じ大学の同期生でした。

驚いたことに、彼は、当時同共和国の大統領だったキルサン・イリュムジーノフ氏の従兄弟《いとこ》だったのです。しかも、イリュムジーノフ大統領自身も私と同じ大学出身でした。

図々しいことに、私は彼に大統領を紹介してもらいました。

そのとき私は大統領に、

「カルムイキヤ仏教界と日本の仏教界を結びつけ、カルムイキヤ仏教を大復興させます」(カルムイキヤは、ロシアには珍しく、チベット仏教を信仰するアジア系の民族です)

「日本の最新農業技術を導入して、カルムイキヤを農業大国にします」

「深刻化しているカルムイキヤの砂漠化問題を解決します」

「日本から投資をバンバン誘致します」

などと、いま思えば無謀ともいえるプレゼンテーションをして、自分を売り込んだのです。

私は大統領の従兄弟、サンジ君の友達である。そして、イリュムジーノフ大統領も、同じモスクワ国際関係大学卒である。さらに、大統領は、大学時代に日本語を勉強していて、大の親日家である、などのよい条件がいくつも偶然に重なり、私は、首尾よく「大統領顧問」の肩書きを得ることに成功しました。

正直に告白しますが、右のプレゼン内容はすべて挫折しました。

しかし、よいこともあったのです。

それは、大統領顧問という肩書きのおかげで、「世界のさまざまな支配者たち」と直接会えるようになったこと。

カルムイキヤはロシア連邦の小さな自治共和国の一つにすぎません。

日本人のほとんどは、その名前すら聞いたことがないでしょう。

しかし、それでもイリュムジーノフ大統領は、「一つの民族を代表している」。

これは、とても大きなことなのです。

大学卒業から数年の間に、私の人脈は一気に広がっていきました。

私は、「やはり、世界の上に立っている人物たちは、自分のような庶民とは全然考え方が違う」「人種は違っても、支配者たちの考え方には確かな共通点がある」ということに目を見開かされ、彼らの考え方をどんどん吸収していったのです。

そうやって、私のなかで「クレムリン・メソッド」の内容はしだいに整合性をおびていき、その正しさへの自信は、やがて確信に近づいていきました。

(残念ながら、ここで彼らの実名を出さないこと、出せないことをお許しください。それは、彼らがいまだに私にとっての生命線ともいえる「超大物情報筋」だからです。「情報筋」とは、実名を出さないことを条件に、一般メディアには出てこない話を教えてくれる人たちのことです)

その後、私は、それまで学んだことを活かそうと思い、一九九九年から「ロシア政治経済ジャーナル」(RPEジャーナル)という無料メールマガジンを、モスクワから全世界の日本人に向けて配信しはじめました。

当初読者数わずか四〇〇人だったこのメルマガは、おかげさまで、二〇一四年九月時点で三万六〇〇〇人に達しました。この一五年間で、九〇倍増えたことになります。

はじめは、「このメルマガを活用して日ロ間のビジネスにつなげよう」という目的があり、ロシア情報総合サイト「ロシア情報ステーション」、日本企業向け有料情報誌「ロシア政治経済アナリスト」、ロシア投資コンサルタント会社「IMT」などを次々と起《た》ちあげていきました。

しかし、二〇〇五年に一冊目の本『ボロボロになった覇権国家』(風雲舎)を出す機会に恵まれたことで、私の人生は大きく変わりました。

それまでテレビでしか見たことのなかった日本の有名経営者、評論家、学者のかたをはじめ、一般のかたがたからも数え切れないメールをいただき、「本が持つ影響力の大きさ」を実感したのです。

そして、過去に起ちあげたいくつもの日ロ事業を清算した後、私は、『中国・ロシア同盟がアメリカを滅ぼす日――一極主義vs多極主義』(草思社)、『隷属国家日本の岐路――今度は中国の天領になるのか?』(ダイヤモンド社)、『プーチン最後の聖戦――ロシア最強リーダーが企むアメリカ崩壊シナリオとは?』『日本自立のためのプーチン最強講義』(共に集英社インターナショナル)を発表してきました。

するとありがたいことに、いろいろなかたから、メルマガやこれらの本で書いた予測が「よくあたる!」と評価されるようになり、「いったいどうすれば、こんな予測ができるのか?」と頻繁に聞かれるようになったのです。

本書のなかには、メルマガの読者のかた、私のこれまでの著書を読んでくださったかたには、すでに聞いたことのある内容が多々あるかもしれません。

しかし、この本は、既著とは「根本的」に違うものです。

これまでの著作で私は、世界や日本の情勢を分析し、未来を予測したり、日本が進みべき道を示すことに焦点をあててきました。

しかし、今回は、「どうやって世界情勢を分析し、未来を予測するのか?」、その方法や原理をみなさんにもぜひ知っていただきたいと思って筆をとりました。

私は、なぜそんな大事な秘密を公開するのか?

その理由は、「あとがき」で書くことにいたしましょう。

第一章

世界は
ある「原理」で動いている

世界の大局を読めないかぎり、国も私たちの人生も崩壊する

「うわ！　なんだか大げさな話になってきた……」


「世界を動かす諸原理」とか聞くと、日本人は、たいていそんな反応をします。

日本人は、どちらかというと「具体的」「抽象度の低い」話のほうが得意ではないかと思います。

おそらく、それはとてもいいことだと思います。

だから日本の技術は世界一。

外国人が日本を訪れると、そのきめ細やかなサービスに驚愕《きょうがく》します。

日本と日本人のよさは、自分のやっている仕事を極《きわ》めること。

すべての仕事が、「○○道《どう》」。

すべての分野に、その道を極めた「○○の神様」がいる。

外国では見られない現象です。

たとえば、黒船が来たとき、日本以外のアジア諸国は仰天し、「こりゃかなわん！　われわれにはとても太刀《たち》打ちできない」となった。

ところが日本人は、「どうやったらこんなすごいものを造れるのか？」と好奇心を抱き、わずか数年後には、自前の黒船を造ってしまった。

細かい部分に徹底的にこだわる性質は、明らかに日本人の「強味」「長所」「美点」なのです。

しかし一方で、日本人は概して、「大局が読めない」「抽象度の高い話が苦手」という側面も確かにあると思います。

「大局が読めない」「世界情勢がわからない」と、何か実害はあるのか？

もちろん、「大あり」です。

戦前(日中戦争も含めれば戦中)、平沼《ひらぬま》騏《き》一郎《いちろう》という総理大臣がいました。

この人物は、一九三九年八月、「欧州の天地(世界)は複雑怪奇」という歴史的言葉を残して辞職しています。

一九三九年というと、日中戦争がはじまって二年目、日米戦争がはじまる二年前。

それほど緊迫した時期に、日本のリーダーともあろう人物が、「欧州情勢は全然理解できない！」と宣言している。

いったい、こんな状態で戦争に勝てるのか？

もちろん勝てるはずがありません。

第35代内閣総理大臣・平沼騏一郎(任期:1939年1月～8月)

私は前著『日本自立のためのプーチン最強講義』で、「日本敗戦の理由」についてくわしく書きました。

調べてみると、日本の指導者たちは、少なくとも第一次世界大戦中からずっと間違った決定を下しつづけていたことがわかります。

そう、「大局を読めない指導者たち」は国を滅ぼしてしまうのです。

もちろん、実際に被害を受けるのは、いつも私たち一般国民。

個人はどうでしょうか?

みなさんのなかで、リーマン・ショックで大損害を被《こうむ》ったというかたはいらっしゃいますか?

「被った」という人も、「被らなかった」という人もいるでしょう。

しかし、テレビで、「○○社が、○千人のリストラ」「△△社が△万人のリストラ」という話は聞いたことでしょう。

そういう「ドカン」とするほどの影響を被った人がたくさんいた。

2008年９月15日に起こったリーマン・ショック時のアメリカ証券取引所

「実害」を実感しなかった人でも、「まえがき」で書いたように、じわりじわりと影響を被りはじめている。

私たち庶民にとって、「世界の動き」「日本の動き」は、自然災害同様、まさに「どうしようもないもの」「変えようのないもの」に思えます。

そして、多くの場合そのとおりです。

しかし、普通の人でも、川が流れていく方向がわかれば、その流れにうまく乗って、安全で快適な旅をしていくことができます。

一方、川がどっちに流れているかわからなければ、流れに逆らって泳ぎ、苦しい日々がいつまでたってもつづいてしまうでしょう。


この章では、世界を動かすもっとも根本的な原理についてお話しします。

それは、少々「抽象度が高い」話かもしれません。

しかし、この話は、みなさん自身が「**自分**」**という船の舵をとる**「**船長**」**になり、同乗している家族や仲間とともに安全な旅、つまり、人生をつづけていくために絶対必要な知識**なのです。

「世界のほんとうの姿」を知るための大前提① 「あるがまま」に「事実のみ」を見る

原理をお話しする前に、世界を見る際の「基本的な心構え」についてお話しします。

それは、「**あるがまま**」**に見る**こと、「**事実のみ**」**を見る**ことです。

「ふぉふぉふぉ。そんな簡単なことですか。

私はいつも『あるがまま』に『事実のみ』を見ておりますよ！」

普通は、そんな反応だろうと思います。

しかし、実をいうと私たちは、たいていなんらかの「フィルター」や「色メガネ」を通して世界を見ています。

代表的な例は、「ポジティブな見方」と「ネガティブな見方」。

自分自身で気がついているかもしれないし、気づいていないかもしれません。

しかし、どちらかに偏《かたよ》っていることがよくあります。

「ポジティブな見方」の人は、多くの出来事を「よい兆候」として受け取ります。

たとえ骨折したとしても、「これは、自分のからだが、忙しかった自分に『しばらく休め』というメッセージを与えたのだ」と受け取る人がいます。

いっぽう、「ネガティブな見方」の人にとって、この世は「悪い兆候」に満ちあふれています。

同じように骨折して入院したとしたら、「なんで自分にこんな災難が振りかかるのだろう。金はかかるし、時間は失うし、俺はよっぽどついてない……」などと思うでしょう。

箸《はし》が転んで笑う人がいれば、悲しむ人もいます。

一般的に、「ものごとは、ポジティブに見ろ」といいます。

私もそう思います。そのほうが人生楽しく暮らせるでしょう。

しかし、「いつもポジティブな見方をするのがいい」とは限りません。

たとえば、プロの詐欺師があなたのところに来て、「年利二五％確実に稼げる、いい投資話がありますよ」と言い寄ってきたとします。

ポジティブなあなたは、「めちゃくちゃおいしい話じゃん！　やっぱり、俺には生まれつき運の神がついているのかも」と「コロッと」信じてしまうでしょう。

でも、こんなケースでは、むしろ「ネガティブ思考」の人間のほうが、人生救われます。

ただ、「ネガティブ思考」の人は、逆に「本当においしい儲け話」があったとしても、同じように「スルー」してしまうことでしょう。

繰り返しますが、私たちはまず第一に、この世界の出来事やものごとを「**あるがまま**」に、「**事実だけ**」を見なければなりません。

「世界のほんとうの姿」を知るための大前提② 特定の「主義」「思想」に偏らない

しかし、それを邪魔するのは、「ポジティブ」「ネガティブ」思考だけではありません。

「○○主義」といったイデオロギーや思想も、私たちを邪魔します。

「○○主義」とは、そもそも「私たちはこの世界を特定の見方で捉えています」と宣言しているようなもの。

たとえば「共産主義者」。

彼らは、「この世界では、いつでもどこでも資本家が労働者を搾取《さくしゅ》している」という見方をします。

たとえば、共産主義者にとって「多国籍企業」は、「貧しい国々の民を搾取する悪の存在」。

一方、「資本主義者」。

彼らから同じ「多国籍企業」を見ると、「貧しい国々の民に仕事を与え、豊かさをもたらす善の存在」になる。

どっちがほんとうなのか？

「あるがまま」に「事実」だけを見る人なら、「ある国に外国企業が入って、賃金水準がどれくらい上がったか？」を調べてみることでしょう。

さらにさまざまな「感情」も私たちの邪魔をします。

「愛」「憎しみ」「好き」「嫌い」など。

そのほか、いろいろな「思い込み」も私たちの邪魔をします。

「真実」は、「言葉」ではなく「行動」に現れる

私は、二〇〇八年に出版した『隷属国家日本の岐路――今度は中国の天領になるのか？』のなかで、「尖閣諸島から日中対立が起こる」ことを予想しました。

ご存知のように、その二年後の二〇一〇年、事実、「尖閣中国漁船衝突事件」が起こりました。

そして、二〇一二年に日本が尖閣を国有化すると、日中関係は戦後最悪になってしまいます。

そのことで、メルマガの会員をはじめ、多くのかたがたから、「二〇一〇年から現在までの出来事を、なぜ予測できたのか？」とよく質問されます。

実をいうと、私は難しいことは考えず、ある「**事実**」**を見て**予想しただけだったのです。

では、その「事実」とは具体的にどんなことか？


アメリカが撤退したある地域、あるいはアメリカの影響力が低下した場所で、中国は過去に何をしたか？


単純に、その「事実」を見てみたのです。

すると、何がわかったか？

①ベトナムの場合
三四の小島からなる南シナ海・西沙《せいさ》諸島。

現在、ベトナム、中国、台湾が領有権を主張しています。

一九七〇年代はじめまで、中国が西沙諸島の北半分、南ベトナムが南半分を実効支配していました。

みなさんご存知のように、アメリカは一九六〇年代～七〇年代はじめにかけて、南ベトナムを支援していました。

しかし、一九七三年に撤退します。

その翌年の一九七四年一月、中国は、西沙諸島の南ベトナム実効支配地域に侵攻し、占領。

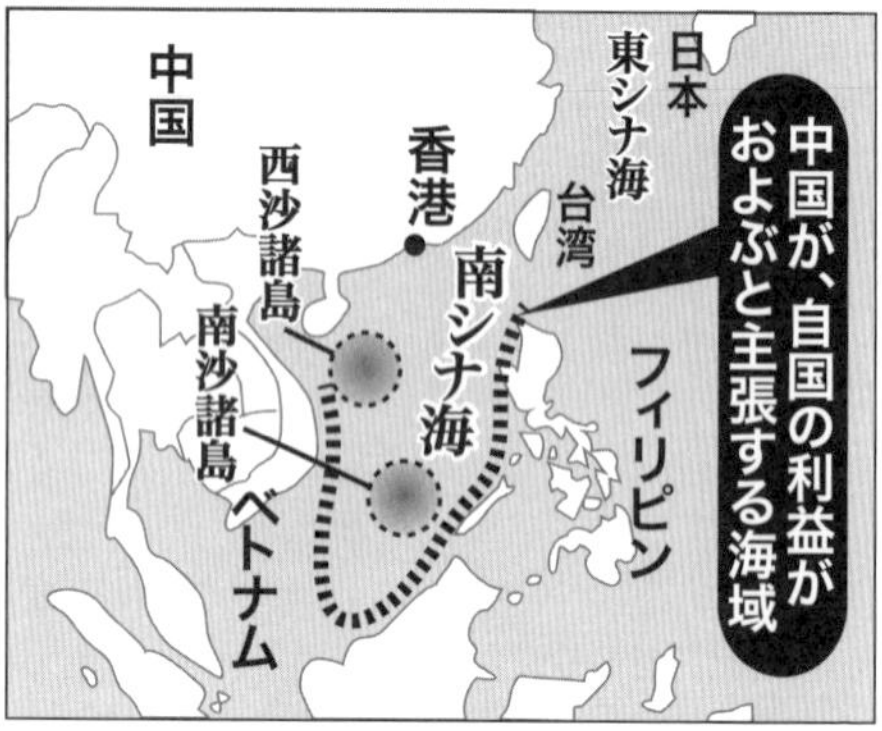

その後、同諸島に滑走路や通信施設を建設。
軍隊も常駐させ、着々と実効支配を強化していきました。

②フィリピンの場合

一九九二年、アメリカ軍は、フィリピン国内のスービック海軍基地、クラーク空軍基地から撤退しました。

フィリピン議会が、アメリカ軍の基地使用協定延長を拒否したからです。

アメリカ軍が去ったのを喜んだ中国。

一九九五年一月、フィリピンが実効支配していた南沙《なんさ》諸島ミスチーフ環礁《かんしょう》に軍事監視施設を建設し、そのまま居座ってしまいました。


中国が起こしたこの二つの事件(事実)を日本に当てはめるとどうなるか？

中国は、「尖閣諸島はわが国固有の領土である！」と宣言している(最近は、沖縄県全部が固有の領土と主張)。

アメリカのパワーが衰えれば、中国は尖閣をとるためにアグレッシブになっていくだろう。

そして、アメリカの衰えは著しいから、近い将来、日中は尖閣をめぐって対立することになる

だろう。

二〇〇八年の時点で私はこう予測し、そのことを本に書いたのです。

「過去に、中国は、ベトナム、フィリピンに対し、こういうことをした」というのは**事実**です。

私は、その**事実**から、「日本にも同じことをする可能性がある」と**予想、予測しただけ。**

何も難しいことはありません。

「愛」が「世界のほんとうの姿」を知るのを邪魔している

ところが、多くの人は、そうドライに考えられません。

『隷属国家日本の岐路』にそのことを書いたところ、事実、二〇一〇年に日中関係が悪化する前まで、多くの人からさまざまな批判も多々寄せられました。

その根拠は二つです。

一つは、「中国は『**平和的台頭**』を宣言しているので、あなたの書いているような『**バカなこと**』はしないはずだ」というもの。

こういった人たちとメールでやりとりしていると、ある共通点が見つかりました。

彼らはなんらかの理由で、おそらく「**中国が好き**」な人たちだということです。

四〇〇〇年といわれる中国の歴史と文化に、畏敬《いけい》の念を抱いているのかもしれません。

ひょっとしたら、職場や会社に中国人の親しい、あるいは善良な友達や知人がいるのかもしれません。

もっといえば、中国人の恋人がいたり、中国人と結婚していたりしているのかもしれません。

とはいえ、**「それ」と「これ」とは別問題。**

「中国は**『平和的台頭』を宣言している**ので、あなたの書いているような**『バカなこと』**はしないはずだ」

これは、どこまでが「事実」で、どこまでが「中国への愛」「人間愛」に基づく「主観」なのかよくわかりません。

たしかに、中国が「平和的台頭」を宣言しているのは、「事実」です。

ところが、「いっていること」と「やっていること」が異なっている。

こういう場合、

「いっていること」より「やっていること」を重視しなければならない。


たとえば日本の政府高官が、「消費税を上げるつもりはありません」といった。

しかし、政府は、実際に「消費税の増税」を**やった。**

そうなったら、政府高官が「上げるつもりはありません」といったことは、なんの意味もない。

同じように、中国が「平和的に台頭する！」といっても、**実際に**ベトナム、フィリピンを攻撃していたら、「攻撃した」という**行動を重視する**必要があります。

「世界のほんとうの姿」を知りたければ、「言葉」よりも、「実際の行動」を重んじよ。

いまだに「二一世紀に戦争など起こらない」と信じ続ける「平和ボケ」日本人

もう一つの批判は、以下のようなものでした。

「**いまの時代、**そんなこと(中国が尖閣を侵略すること)があるわけないでしょう、あなた！」

この人は、確かな事実的根拠もなく、単に希望的に、「**現代に、戦争など起こりえない**」と信じているのでしょう。

わたしは、こういう人たちを、「**平和ボケ**」と呼びます。

しかも、かなりの重症です。

日本人の多くが、「第二次世界大戦後、世界は平和になった」「人類は二度の世界大戦で数えきれないほどの教訓を学び、戦争の悲惨さや無意味さを体験した。だから、二一世紀に戦争など起こらない」などと信じているのです。

これは、「事実」でしょうか？

それとも単なる「妄想」でしょうか？

もちろん、「妄想」です。

では、「事実」はどうなのか？

世界では、いまも戦争状態が続いている

二一世紀に入ってから起こった主な戦争（内戦も含む）を列挙してみましょう。

①二〇〇一年〜　…　アフガン戦争
②二〇〇三〜二〇一一年　…　イラク戦争
③二〇〇八年　…　ロシアvsグルジア戦争
④二〇一一年　…　リビア戦争
⑤二〇一四年　…　ウクライナ内戦
⑥二〇一四年　…　アメリカと同盟国による「イスラム国」空爆

どうですか？

二一世紀に入って、まだたったの一四年。

「いまの時代、戦争なんか起こらない!」

「二〇世紀は戦争の時代だった。でも二一世紀は平和な時代」

これは「事実」でしょうか?

それとも「妄想」でしょうか?

私たちは、ほとんど日本人しか罹《かか》らない「平和ボケ」という重い病気をまず徹底的に治す必要があります。

もちろん、それは簡単なことではありません。

「戦争」を直接知らない昭和二〇年(一九四五年)生まれの人たちは、もはや七〇歳になろうとしています。

つまり、いまの日本人のほとんどは、生まれたときから「平和な国」で育った。

そのような人々が「戦争」をイメージするのがきわめて難しいのは当たり前だからです。

しかし、もしあなたが「世界のほんとうの姿」を知りたいと思うならば、
日本以外の世界では、いまもまだ戦争時代は続いている。

という**大前提をまず認識しておく**必要があります。

なぜなら、それは「**事実**」なのですから。

日本人の知らない

第1の原理　世界の大局を知るには、「主役」「ライバル」「準主役」の動きを見よ

Методология Кремля
クレムリン・メソッド

ではいよいよ、『クレムリン・メソッド』世界を動かす11の原理」に入っていきましょう。

第1の原理は、

世界の大局を知るには、「主役」「ライバル」「準主役」の動きを見よ。


一般人の多くが「世界の動きは、よくわからない」と思う最大の原因は次のよう事情によるものでしょう。

国連加盟国は現在一九三か国。

この世界のいたるところで、常に新しい「局所」的な紛争が起こる。

私たちはそのたび、「近視眼的」に、「あそこではいったい何が起こっているのか」「だれがだれに何をしているのか」を捉えようとします。

しかし、どんなに賢い人でも、すべての国の状況と動きを常に把握することは不可能です。

「局所的」な動きを見るより大切なのは、世界情勢の大きなうねりを理解すること。

ですから、常に、まず「世界の大局」を知ることが重要なのです。

そして、世界情勢の大局を知るには、一九三か国の動きを全部知る必要などありません。

いつの時代にも、世界には「**主役**」がいて、「**ライバル**」がいて、「**準主役**」がいる。

もちろん、最重要なのは「**主役**」と「**ライバル**」**の動き**。

そして、ときに「**準主役**」が大きな役割を果たすことがある。

「彼らこそが、世界の大局を動かしている」という原理を知っていればいいのです。

これは、もちろん「主役、ライバル、準主役」がその他の国より「重要」だとか「偉大」であるという意味ではありません。情勢を理解するためには、基本的に「主要プレイヤー」の動きを把握するのが「効率的だ」ということです。

もちろん、「主役」「ライバル」「準主役」は、時代の流れによって変わります。ライバルが主役に勝てば、今度は前ライバルが主役にとってかわることもあります。準主役が、ライバルや主役に格上げになることももちろんあります。

ここでひと言、非常に重要な事実を押さえておかなければなりません。

一国の影響力と国力を測る基準は「品格」ではない。
それは、「金力」(経済力)と「腕力」(軍事力)である。

では、いまの世界で「主役」「ライバル」「準主役」を演じているのは、いったいどの国か?

金力(経済力)から見た「主役」「ライバル」「準主役」

一つ目である「金力」を知るには**GDP(国内総生産)を見ること**です。

ざくっといってしまえば、GDPは、その国一国の経済規模です。
内閣府の定義によると、GDP＝個人消費＋民間投資＋政府支出＋純輸出（＝輸出－《マイナス》輸入）となっています。

では、世界のGDP総額は？

国際通貨基金（IMF）のデータによると、二〇一三年、七四兆一七一七億ドルとなっています。

一位はアメリカで、一六兆二三七七億ドル。世界全体におけるシェアは約二一・九％。
二位は中国で、九兆二〇三億ドル（シェアは約一二・二％）。
三位はわが**日本**で、**六兆一四九八億ドル（シェアは約八・三％）**。

これくらいの事実は、中学生でも知っているでしょう。しかし重要なのは、ここから見えてくる「世界の現実の姿」です。

まず、アメリカ二一・九％＋中国一二・二％＋日本八・三％＝四二・四％

なんと上位三か国で、世界GDP総額の四二・四％（！）。

GDPは以後、四位ドイツ（三兆五九七九億ドル・シェア四・八％）、五位フランス（二兆七三九二億ドル・シェア三・七％）、六位ブラジル（二兆四五六六億ドル・シェア三・三％）、七位イギリス（二兆四二九九億ドル・シェア三・二％）、八位ロシア（二兆二一三五億ドル・シェア三％）、九位イタリア（二兆七六〇億ドル・シェア二・八％）、一〇位インド（一兆九七二八億ドル・シェア二・七％）とつづきます。

金力(GDP)から見た「主役」「ライバル」「準主役」

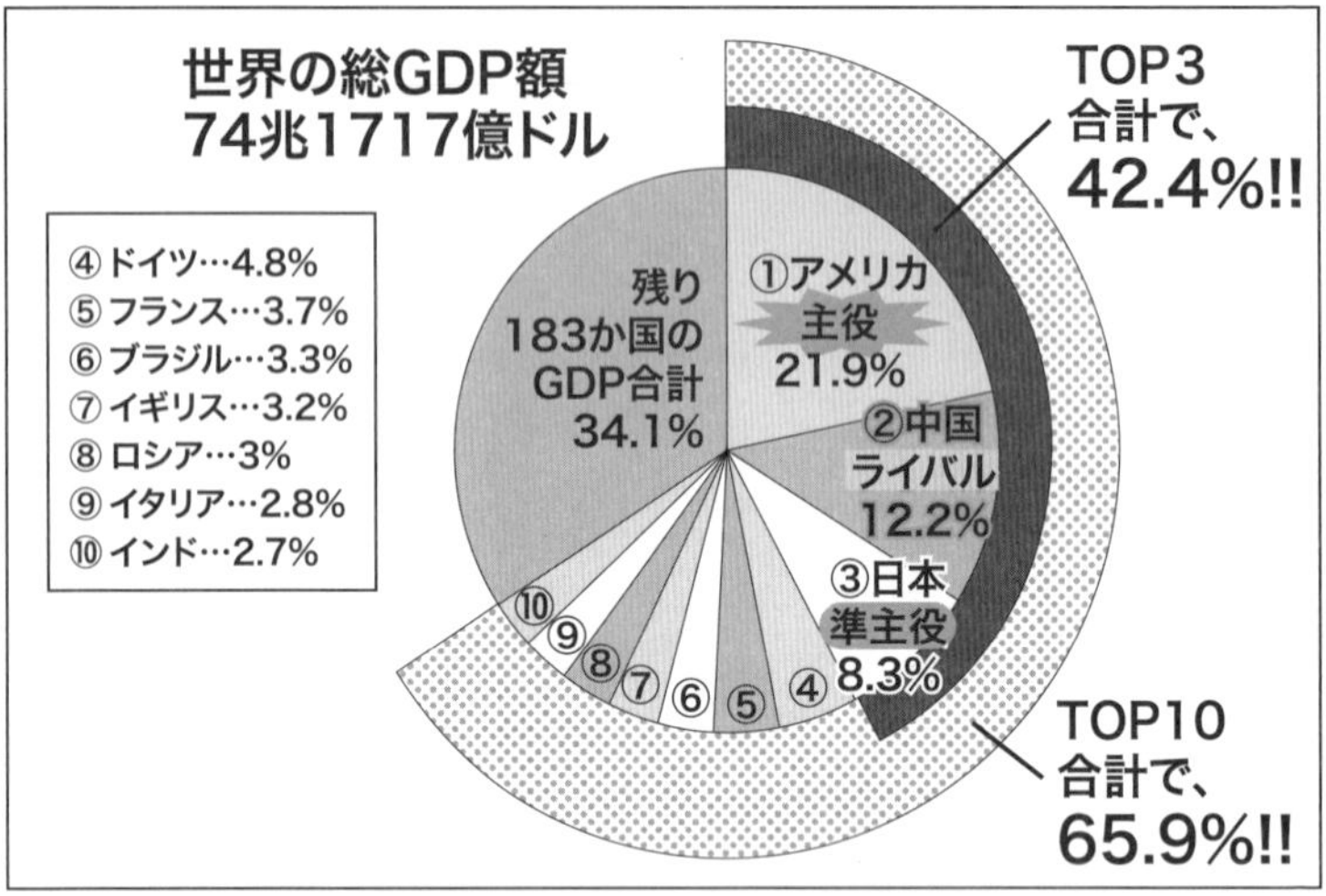

では次に、世界のGDP総額に、トップ10が占める割合を計算してみましょう。

米中日四二・四%+ドイツ四・八%+フランス三・七%+ブラジル三・三%+イギリス三・二%+ロシア三%+イタリア二・八%+インド二・七%=六五・九%!

トップ一〇か国だけで、すでに世界全体の「金力」(経済力)の七割弱を占めている。残り一八三か国で、一〇〇%—六五・九%=三四・一%をわけ合っているのです。

嗚《あ》呼《あ》、なんという格差世界!

そう嘆いても仕方ありません。

「現実」をしっかり見すえてみましょう。

一国で見た場合、経済力で圧倒的なのは、やはりアメリカ。

「経済」においては、アメリカが世界の「主役」です。

これを猛追しているのが、「ライバル」中国。

二〇〇二年の時点で中国のGDPは、一兆二六六一億ドルでした。

これは、当時三兆九九三四億ドルだった**日本のまだ三分の一以下**。

アメリカは一〇兆三八三一億ドルだったので、中国はその**八分の一以下**でした。

それがいまでは、日本の**約一・五倍の規模**になっている。

そして、その差はますます広がっていくことが確実です。

結局、世界経済はアメリカと中国の二強を中心に回っている。

また「準主役」は、日本、ブラジル、ロシア、インドあたりといえるでしょう。

これがいまの世界の「現実」です。

しかしこういうと、読者のかたがたから次のような質問が出るかもしれません。

「EU二八か国をあわせれば、GDPはアメリカを超えているのではないか？　とすれば、金力(経済力)から見た世界の『主役』はEUではないか？」

確かにそのとおりです。

EU二八か国のGDP総額は一七兆二二七七億ドル。

世界におけるシェアは、二三・二％になり、アメリカの約二一・九％を超えています。

もちろん、世界経済において、EUは無視できない巨大な存在ですが、一方で「アメリカの支配から脱却できない理由」つまり、「主役」になれない理由がある。それは後述します。

いきなり「いまの世界情勢をどれだけわかってます？」と聞かれたらドギマギするでしょうが、

調べる主体が減ったことで、だいぶシンプルに考えられるようになったのではないでしょうか。

繰り返しますが、すべての国は、「平等」であるべきです。

しかし、「経済力」で見ると、トンデモナイ「格差世界」である。

そして、金力のある（ＧＤＰの大きい）国は、それに比例して、世界の動きに与える「影響力も大きい」のです。

少し補足しておきたいことがあります。

「金力があること」（ＧＤＰの大きさ）は、決してその国の経済の「健全性」を意味するわけではありません。

実際、ＧＤＰナンバーワンのアメリカは、世界最大の「財政赤字国」「貿易赤字国」「対外債務国」として知られています。

企業でも、「売り上げは業界ナンバーワンだけど、利益は赤字」ということがありえますね。

もう一つ、ＧＤＰの大きさは、「その国に住む一人ひとりの豊かさ」を示すわけではありません。

「まえがき」のなかで触れましたが、もう一度繰り返します。

国の個人の豊かさは、「一人当たりＧＤＰ」で示されます。

ＧＤＰは、一応、一国の経済力を測る指標として使われます。

当然ですが、ＧＤＰは人口の多いほうが、大きくなります。

しかし、ＧＤＰが大きいからといって、一人当たりＧＤＰも大きいとは限りません。

むしろ逆のケースがしばしばあります。

ＧＤＰを人口で割ると「一人当たりＧＤＰ」が出ます。

これが、個人個人の豊かさの指標になるのです。

たとえば、中国のＧＤＰは世界二位ですが、一人当たりＧＤＰは日本の五分の一にすぎません。

ＩＭＦのデータによると、二〇一三年の「一人当たりＧＤＰ」世界第一位はルクセンブルク（一一万四二三ドル）、二位ノルウェー（一〇万三一八ドル）、三位カタール（一〇万二六〇ドル）となっていますが、いっぽう、

ＧＤＰ一位のアメリカの「一人当たりＧＤＰ」は、五万三一〇一ドルで九位。

ＧＤＰ二位の中国の「一人当たりＧＤＰ」は、六七四七ドルで八四位。

ＧＤＰ三位の日本の「一人当たりＧＤＰ」は、三万八四九一ドルで二四位。

つまり、中国はＧＤＰ世界二位であっても、個人個人はまだまだ貧しいことがわかります。

また、ルクセンブルクがたとえ「一人当たりＧＤＰ」で世界一位でも、「世界経済の『主役』である！」などという話は聞きません。

一国の影響力とその国の国力を測るときにもっとも重要な目安は、金力＝ＧＤＰ。

金のある奴が力を持つ。

ということです。

腕力（軍事力）から見た「主役」「ライバル」「準主役」

しかし、既述のように、現代はいまだに「**戦争ばかり**」の世界です。

だから、「金力」と同時に「**腕力**」、つまり、**自国の安全を確保できる**「**軍事力**」**も必要。**

「金力」を、経済力を表すGDPにたとえるなら、「**腕力**」**とは軍事力**です。


「軍事力」を示すもっとも基本的な基準は、まず「軍事費」です。

では、世界の軍事費はどうなっているのか？

「ストックホルム国際平和研究所」のデータによると二〇一一年、世界の総軍事費は、一兆六二四五億ドル（当時のレートで一二九兆九六〇四億円）。

軍事費一位は、アメリカで、六八九六億ドル（同五五兆一六七二億円）。

アメリカ一国が、世界総軍事費に占めるシェアは、四二・四％！

二位は、中国で一二九三億ドル（同一〇兆三四一七億円）。同シェアは、七・九五％。

アメリカ四二・四％＋中国七・九五％＝五〇・三五％！

なんとトップ2だけで、**世界総軍事費の半分**を占めています。


軍事費、つづきを見てみましょう。

腕力（軍事費）から見た「主役」「ライバル」「準主役」

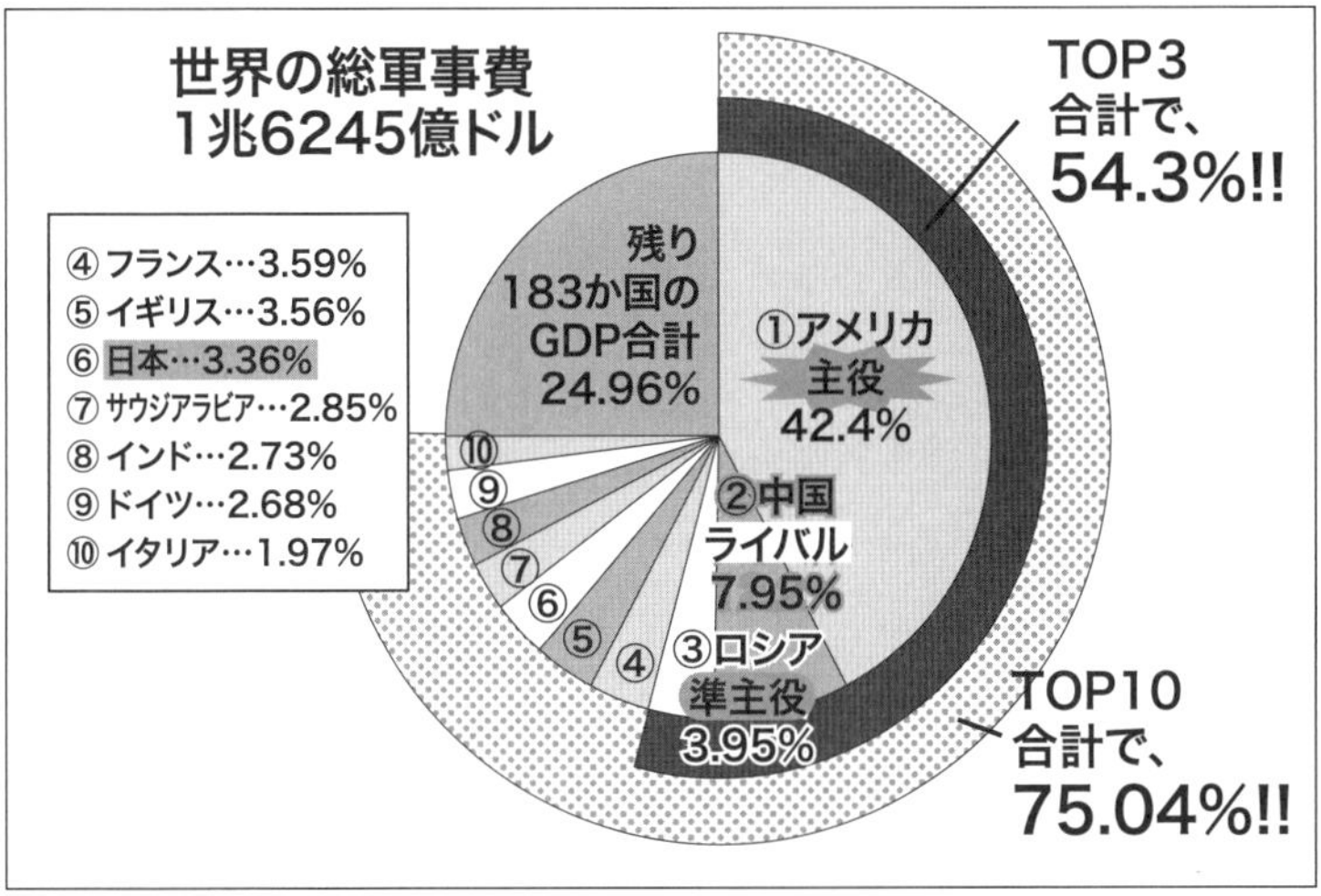

三位、ロシア六四一億ドル（五兆一二九八億円、同三・九五％）

四位、フランス五八二億ドル（四兆六五九五億円、同三・五九％）

五位、イギリス五七九億ドル（四兆六三〇〇億円、同三・五六％）

六位、日本五四五億ドル（四兆三六二三億円、同三・三六％）

七位、サウジアラビア四六二億ドル（三兆六九七五億円、同二・八五％）

八位、インド四四三億ドル（三兆五四二五億円、同二・七三％）

九位、ドイツ四三五億ドル（三兆四七八二億円、同二・六八％）

一〇位、イタリア三一九億ドル（二兆五五五六億円、同一・九七％）

となっています。

一〜一〇位が、世界総軍事費に占める割合を計算してみましょう。

米中五〇・三五％　＋　ロシア三・九五％　＋　フランス三・五九％　＋　イギリス三・五六％　＋　日本三・三六％　＋　サウジアラビア二・八五％　＋　インド二・七三％　＋　ドイツ二・六八％　＋　イタリア一・九七％　＝　**七五・〇四％！**

なんとトップ一〇か国で、世界総軍事費の約七五％になってしまいました。

残り一八三か国の軍事費をあわせても、約二五％にしかならないのです。

嗚呼、なんという格差世界！

しかし、嘆いても仕方ありません。

事実は、事実。

さて、ここまでで何がわかるのか？

ここでも金力(経済力)と同じ構図が見えますね。

世界の腕力(軍事力)における「**主役**」**はアメリカ。**

そして、それを**猛追する**「**ライバル**」**が中国。**

「猛追」について、少し補足を。

〈**中国の二〇一四年国防費は＋12・2％、3年ぶりの大幅な伸び**

中国政府は5日、二〇一四年の国防予算は12・2％増の8082億3000万元(1315億7000万ドル)と発表した。二〇一一年の12・7％以来の大幅な伸びとなる。全国人民代表大会(全人代)

の政府活動報告で李克強首相が明らかにした。**中国の国防費は過去20年間、ほぼ途切れることなく2桁で伸びている。**〉（ロイター二〇一四年三月五日）

金力（経済力）でも腕力（軍事費）でも、**世界はアメリカと中国を中心に回っている。**

これがいまの世界の姿です。

さてここまできて、「巨大な経済力を持つEUは、なぜ『主役』、あるいは『ライバル』になれないのか？」という話をしましょう。

ひと言でいえば、EUは、巨大な軍事力を持つアメリカに、実質「軍事支配されている」から。

それを、**北大西洋条約機構**（NATO《ナトー》）といいます。

NATOは、主に「対ロシア」の軍事ブロックです。

冷戦中のNATO加盟国は、主に西欧でしたが、ソ連崩壊後は東に拡大。

現在は、かつてソ連（その中心はロシア）の勢力圏だった東欧、そして、かつてソ連の一部だったバルト三国も加盟。

二八か国の一大勢力になっています。

しかし、**主導権はアメリカにある。**

金力（経済力）で見れば、EUは確かにアメリカに勝っていますが、アメリカを中心とする軍事ブロックに入っていることで、自由な動きが取れないでいるのです。

だからといって、NATOを解体し、EUだけで軍事ブロックを組めば、アメリカ、ロシアを同時に敵に回しそうで怖い。

このEUの状況は、ある意味、日本と非常によく似ています。

つまり、「自国、自地域の自立、独立を保ちたければ、『金力』と『腕力』の両方が必要」であることを示しているのです。

たとえば、日本は二〇一〇年まで長年GDP世界第二位でした。

つまり「金力」はすごかった。

しかし、日本はいまも昔も、圧倒的な「腕力」を持つアメリカに、事実上支配されています。

国際社会でのステータス、核兵器保有数から見た「主役」「ライバル」「準主役」

さて、軍事費以外における「主役」「ライバル」「準主役」の要因にも触れておきましょう。

一つは、金力(経済力)と腕力(軍事力)とは別の、世界に与える「政治的ステータス」です。

それは、**国連安保理で「拒否権」を持つ、常任理事国**かどうかという点。

現在の常任理事国は、アメリカ、イギリス、フランス、ロシア、中国。

この第二次世界大戦の戦勝国である五大国は、なんといっても、いまの世界で特権的な「政治的発言力」を持っています(中国は、建国が大戦後の一九四九年なので、厳密にいうと「戦勝国」

ではありませんが、事実として常任理事国です。ちなみに中華人民共和国が常任理事国になったのは一九七一年。その前は中華民国［台湾］が常任理事国だったのです）。

常任理事国が戦争について一体化することはあまりなく、たいてい、「アメリカ、イギリス、フランス」と「ロシア、中国」に分裂しています（もちろん、例外もあります）。

もう一つの要因は、軍事力に関連し、「**核兵器**」を持っている国かどうか。

核兵器を持つだけで、他国に対する抑止力は格段に強まります。

現在、核を保有しているのは、まず常任理事国五か国。

それに、インド、パキスタン、イスラエル、北朝鮮の、全部で九か国。

米国科学者連盟(Federation of American Scientists)のデータによると、各国の核弾頭保有数は二〇一四年時点で、アメリカ七三一五発、ロシア八〇〇〇発、イギリス二二五発、フランス三〇〇発、中国二五〇発、インド九〇～一一〇発、パキスタン一〇〇～一二〇発、イスラエル八〇発、北朝鮮一〇発以下となっています。

いずれにしても、腕力(軍事面)でいうと、やはり米中のパワーが圧倒的。

それに、アメリカをしのぐ核兵器大国であるロシアの動きも重要。

その理由は、ロシアの「軍事費」は中国の約半分の水準ですが、「軍事力」は現時点でロシアが上だと見られているからです。

世界の核保有国＆安保理構成メンバー

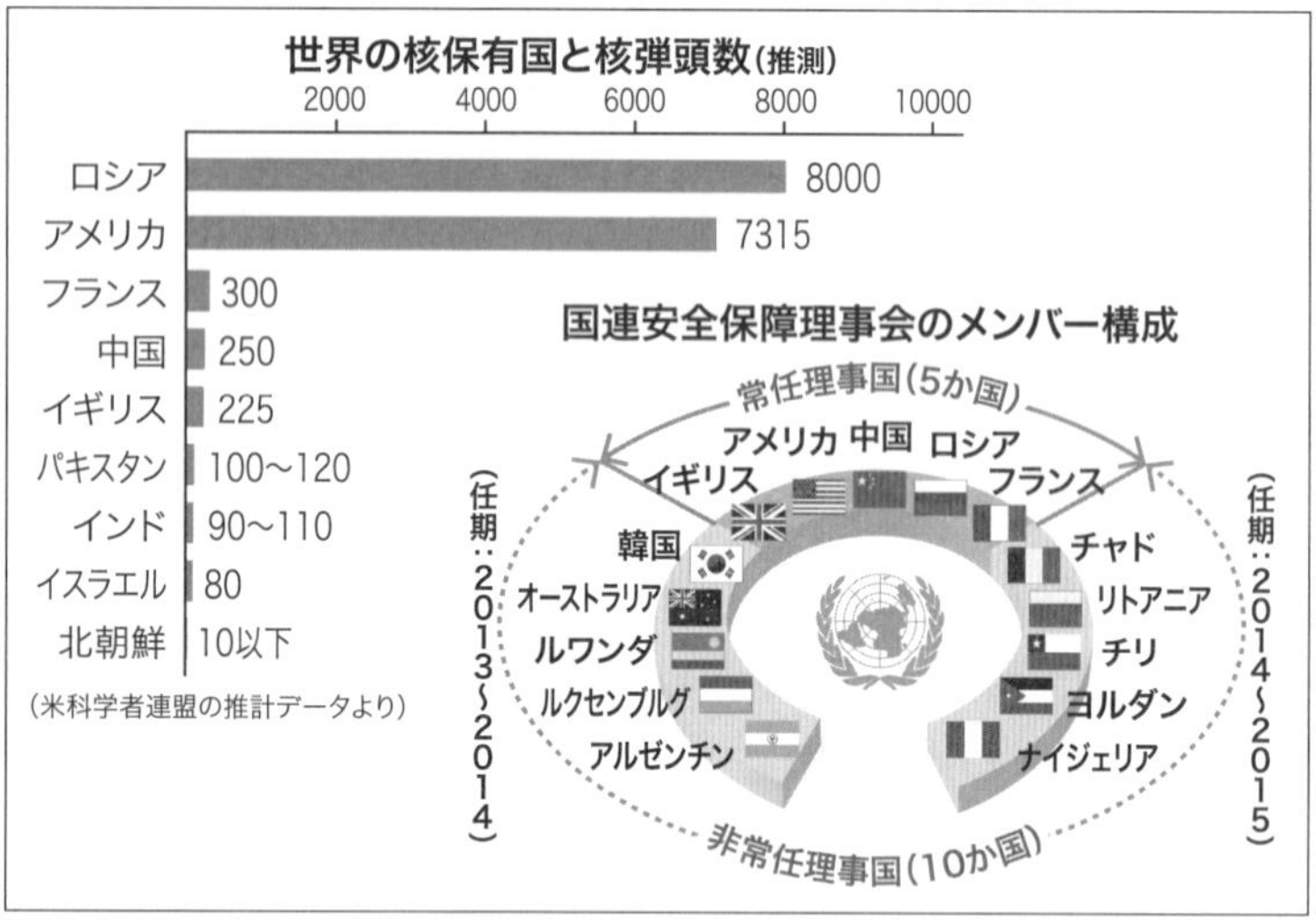

EUに関しては、NATO関連でアメリカと一体化して動くことが多い。

それが、アメリカのパワーをより強力なものにしています。

結論をいいましょう。

既述のように、「国力」を測るためのさまざまな要素から見ると、いまの世界は、

主役………　覇権国アメリカ。

ライバル…　それに猛追する中国。

準主役……　米中の間で動く、日本、ロシア、EU主要国（ドイツ、フランス、イギリスなど）

によって動いているのです。

覇権国家アメリカは、世界で唯一の「超法規的」存在

金力（経済力）と腕力（軍事費）という「**客観的な事実**」から、世界の「主役」「ライバル」「準主役」がどの国かがわかりました。

ちなみに、この「**主役**」という言葉、漫画の主人公やヒーローとはかなり異なり、純粋に「善な存在」とはいえません。

世界の「主役」アメリカは、他国に対していったいどんな意味を持った存在なのか？

現時点での話ですが、

アメリカは、世界における「超法規的存在」である。

唐突ですが、きわめて身近なたとえ話をします。

あなたには、「嫌いな人」あるいは「ぶん殴りたい人」がいるでしょう。

仮にいたとしても、メッタなことで殴ったりはしませんね。

なぜ？

大きな理由が三つあると思います。

① 人を殴ることは「悪いこと」だから。つまり、「道徳的な理由」です。

② それをしたら「**違法行為として、警察に捕まる**」かもしれないから。

③ 「**相手からの報復が怖い**」から。

殴ったら、相手だって殴り返してきますよね？

あなたが強ければいいですが、相手がもっと強ければ、逆にボコボコにされて病院行きです。

たとえケンカに勝てても傷害罪で刑務所行き。

そう、「法治国家」は、「人が犯罪に走らない仕組み」をうまくつくっています。

では、②と反対で「**警察に捕まる心配がない**」、そして、③と反対で「**報復を恐れる心配がない**」としたらどうか？

きちんとした法治国家では、メッタにありえないシチュエーションです。

「世界」に話を戻しましょう。

国際社会では、一国内の警察にあたるのが、国連の「安全保障理事会」です（以下、「安保理」）。

安保理は、ある国が犯罪を犯したかどうかを審議し、決定を下します。

そして、必要とあれば、「国連軍」「平和維持軍」が派遣され、当該国にしかるべき管理・制裁を行います。

しかし、国際社会には、確かに「**法に行動制限されない**」かつ「**報復を恐れる必要がない**」と**いう、非合理でトンデモない**「**存在**」がいます。

それが、**覇権国家、アメリカ合衆国**。

例をあげてみましょう。

アメリカが二〇〇三年に、一方的にサダム・フセインのイラク攻撃を開始した（イラクを突然ぶん殴った）主な理由は二つでした。

① フセインは「大量破壊兵器」を保有している。

② フセインは、テロリスト集団・アルカイダを支援している。

つまり、アメリカは、「サダム・フセインは二つの罪で有罪だ」と決めつけたわけです。

そしてイラクを攻撃し、非戦闘員である多数の一般市民を殺害し、フセインを捕らえ、処刑した。

ところで、「**フセインはホントに有罪だったの？**」。

実をいうと、この件に関しては「**無罪だった**」のです。

この根拠も、私の既著では何度か繰り返し述べていますが、はじめての読者の理解のために改めて説明させていただきます。

なんと、アメリカ自身が認めています。

〈**米上院報告書、イラク開戦前の機密情報を全面否定**

［ワシントン＝貞広貴志］米上院情報特別委員会は八日、イラク戦争の開戦前に米政府が持っていたフセイン政権の大量破壊兵器計画や、国際テロ組織アル・カーイダとの関係についての情報を検証した報告書を発表した。〉（読売新聞二〇〇六年九月九日）

〈報告書は『**フセイン政権が（アル・カーイダ指導者）ウサマ・ビンラーディンと関係を築こうとした証拠はない**』と断定、**大量破壊兵器計画についても、少なくとも一九九六年以降、存在しなかったと結論付けた。**〉（同前）

つまり、**アメリカがフセインを「有罪」と断定し、殺したにもかかわらず、「事実」は「フセ**

インは無罪だった」ことがはっきりしているのです。

それでもフセインは「凶悪な独裁者」だったので、最低限、「極刑もやむなし」と仮定します。

しかし、この戦争で、**イラクの民間人が、最低で**「一〇万人」**亡くなっている。**

アメリカの「見当違い」(あるいはウソ)によって、「一〇万人以上の民間人が殺された」。

これ、普通に考えると、**「非常に大きな人道上の罪」**ではないですか?

私は、「アメリカが悪」であることを証明したいのではありません。

この世界の紛れもない「事実」と、「世界のほんとうの姿」そのものを話しているのです。

国家が戦争をはじめられる理由は二つしかない

そして、アメリカのイラク戦争は、明確な「**国際法**」**違反**です。

まず、国際法とは、国際社会を規律する法のことです。

日本国内は、「国内法」で、国と国との関係は、「国際法」で定められています。

国際法には、たとえば、国際機構法、国際海洋法、国際人権法、国際経済法、国際環境法、武力紛争法などがあります。

ある国の指導者が、国民の人権を著しく侵害した場合、あるいは、他国を侵略した場合。

国連安保理だけが、強制力をともなう決定(制裁など)を下せます。

そして、このいまの国際法では、「戦争をはじめていい合法的ケース」は二つだけです。

この認識は、「平和ボケ」日本人にとって非常に重要なので、ぜひ肝に銘じてください。


他国が攻めてきた場合。


このとき、相手に報復するのは「合法」です。

これを、「**自衛権**」といいます。

既述(P.46)のように、二〇〇一年からアメリカがはじめたアフガン戦争。

これは、「9・11でアルカイダがアメリカを攻撃し、アメリカはそれに報復した」ということで、一応、国際法上、「自衛権の行使」と認められています。

もう一つは、

「国連安保理」が攻撃を承認した場合。


このとき、他国と戦争をはじめることは「合法」とされます。

再びイラク戦争の場合に照らして見てみましょう。

まず戦争行使が許される一番目の要件によれば、この戦争は「自衛権」の行使にはあたりません。

イラクは、アメリカを攻撃していないからです。

次に、二番目の要件。国連安保理から戦争開始の許可は出ていませんでした。

つまり、アメリカがはじめた「イラク戦争」は、戦争を開始することが認められる二つの要件のどちらも満たしていないので、だれが見ても明らかに「**国際法違反**」だったのです。

当時のアナン国連事務総長も、そう断言しています。

〈イラク戦争「**国連憲章上違法**」　国連事務総長がBBCに

15日の英BBC放送(電子版)によると、アナン国連事務総長はBBCとのインタビューで、イラク戦争を「我々の見地からも、**国連憲章上からも違法**」と断じた上で、「各国が共同歩調をとり、国連を通して行動するのが最善という結論に誰もが達している」と述べた。

国連では21日からブッシュ米大統領ら各国の元首、首相、外相らを迎えて総会の一般演説が行われる。アナン氏の発言はこれを前に、**イラク戦争を国際法違反**とする国連の姿勢と、唯一武力行使を容認できる機関としての安全保障理事会の重要性を再確認したといえる。〉(asahi.com 二〇〇四年九月一六日)

このように、国連事務総長が、「イラク戦争は違法だ!」と断言している。

でも、**だれもアメリカを罰することはできませんでした。**

この件に関して無罪だったフセインは処刑され、イラク民間人は一〇万人以上殺されました。

いっぽう、攻撃を命令したブッシュ大統領(当時)は、なんの罪に問われることもなく、のほほんと悠々自適の引退生活を送っています。

そう、「事実」として、アメリカは現在の国際社会で「**超法規的存在**」である。

なぜか?

世界において「**法的拘束力のある決定**」は、国連の「**安保理**」で決められるといいました。

安保理は、五つの「常任理事国」と、一〇の「非常任理事国」の計一五か国から構成されています。しかし、常任理事国であるアメリカ、イギリス、フランス、ロシア、中国だけが「**拒否権**」**という権利**を持っている。

常任理事国のなかの一か国でもこの拒否権を行使して反対すると、議案を不成立にすることができるのです(これを、「大国一致の原則」といいます)。

ある国が、「アメリカは、国際法を犯した。制裁しよう!」という要求を安保理に提出した。

ところが、常任理事国アメリカ自身が「拒否権」を行使して、制裁の要求を阻止した。

だから、だれもアメリカを罰することはできない。そういう構図になっているわけです。

これで、アメリカから、むやみに「人を殴らない動機」=「法律を破ると罰せられるから」が一つ消えました。

では、もう一つの「人を殴らない動機」=「報復が怖いから」はどうか?

既述(P.57)のように、アメリカは、**一国で世界総軍事費の四二・四%**を占めている。

こんなダントツで世界一の超軍事大国に、だれも「報復できるはずがない」でしょう？（ちなみに、二〇一一年当時のイラクの軍事費は**四四五四億円**で、アメリカの約一一三・八分の一！）

そう、**アメリカは「国際法」も平気で無視できる、**かつ、**「報復」もまったく怖くない**（もちろん、「テロ」という報復手段は恐れていますが）。

では、アメリカのほかにも、「国際法を超越した存在」はあるのか？

理論的には存在します。

国連安保理で同じ拒否権を持つ、アメリカ以外の常任理事国・英仏中ロの四か国。

（弱小国を多数含めた）国連がこれらの国をなんらかの理由で制裁しようとしても、これら大国である当事国は必ず拒否権を使うでしょう。

そのとき、たとえばアメリカばかりでなく、イギリス、フランス、中国、ロシアに対しても、国連は「制裁」できません。

しかし、「国連を経由しないで、この四か国を『制裁』する方法」もあります。

たとえば、ロシアが二〇一四年三月にクリミアを併合すると、欧米（＋日本）はロシアに経済制裁を課しました。そして、ロシア経済に打撃を与えることに成功しています。

つまり、常任理事国・英仏中ロも、理論的にはアメリカと同じ「超法規的存在」ですが、他の常任理事国を敵に回せば、経済という手段で制裁される立場にある。

逆に他の常任理事国がアメリカに経済制裁しようとしても、それに同調する国はほとんどないでしょう。

理想はどうであれ、この矛盾が解決されない現時点では、世界のあらゆる国がこのシステムに従わざるをえません。

二一世紀になったいまも、理想と現実はこれほど乖離《かいり》しています。

残念ながら、世界がこうやって動いていることを理解しなければ、世界の国とその国民は、「事実」として、サバイバルすることなどできないのです。

日本人の知らない

第2の原理

世界の歴史は「覇権争奪」の繰り返しである

Методология Кремля

クレムリン・メソッド

「主役」になりたがるのは、国と個人の本性である

さて、クレムリン・メソッドの第1の原理として、世界の大局はいつも「主役」と「ライバル」「準主役」によって動いているといいました。次に、第2の原理です。

世界の歴史は「覇権争奪」の繰り返しである。

世の中には、「理由はわからないが、事実そうなっている」ということがたくさんあります。「理由」を考えることはもちろん大切ですが、「事実」を重視することはもっと大事です。この世界を考えるうえで、重要なことの一つは、理由はともあれ、どうしても「**トップを目指したい国や個人がいる**」という「事実」。

個人であれば、収入も地位も能力も名誉も、他の人より勝っていたい。「君はなぜ、他人に勝ちたいのだい？」と質問されて、明確に答えられる人はいるでしょうか？「妻子を養うために金がいる」とか、「子供を大学に行かせるために」というのは、納得できる理由です。

しかし、ありあまる金があるのに、「まだまだ金が欲しい！」と考える人。大企業の専務になっても、「引退するまでに、必ず社長になる！」と決意している人はいます。

ドイツの哲学者ニーチェは、「**人間の本質は、『権力（あるいは力）への意志だ』**」といいました。それがほんとうかどうか私にはわかりませんが、「そういう人がいる」のは、みなさんもご存知

でしょう。

そして、「世界のトップに立つ！」「覇権を奪う！」「世界（あるいは地域）を支配する！」と決意している国家の指導者は、事実としているのです。

もう「そういう世界だから」としかいえません。

もちろん、国連加盟国一九三か国のほとんどは、「覇権国家になる」と大それたことは考えていないでしょう。

しかし、すでに「主役」「ライバル」「準主役」の地位にいる国は「覇権が欲しい！」と考える。

「主役」はいつまでも「主役」でいたい、「ライバル」や「準主役」は、「次は、俺が主役になる」と常に願っているので、「ケンカ」が起こります。

そんなことはない？

「事実」（＝歴史）を見てみましょう。

「事実」が示す、覇権争奪戦争の歴史

①一六世紀　「主役」スペインと「ライバル」ポルトガルの「覇権争い」
一六世紀の覇権国家はスペイン、「ライバル」はポルトガルでした。

この二国はおたがいの覇権をかけて、世界各地で争いましたが、世界の西半分はスペインのも

人類の「覇権争奪」戦争の歴史

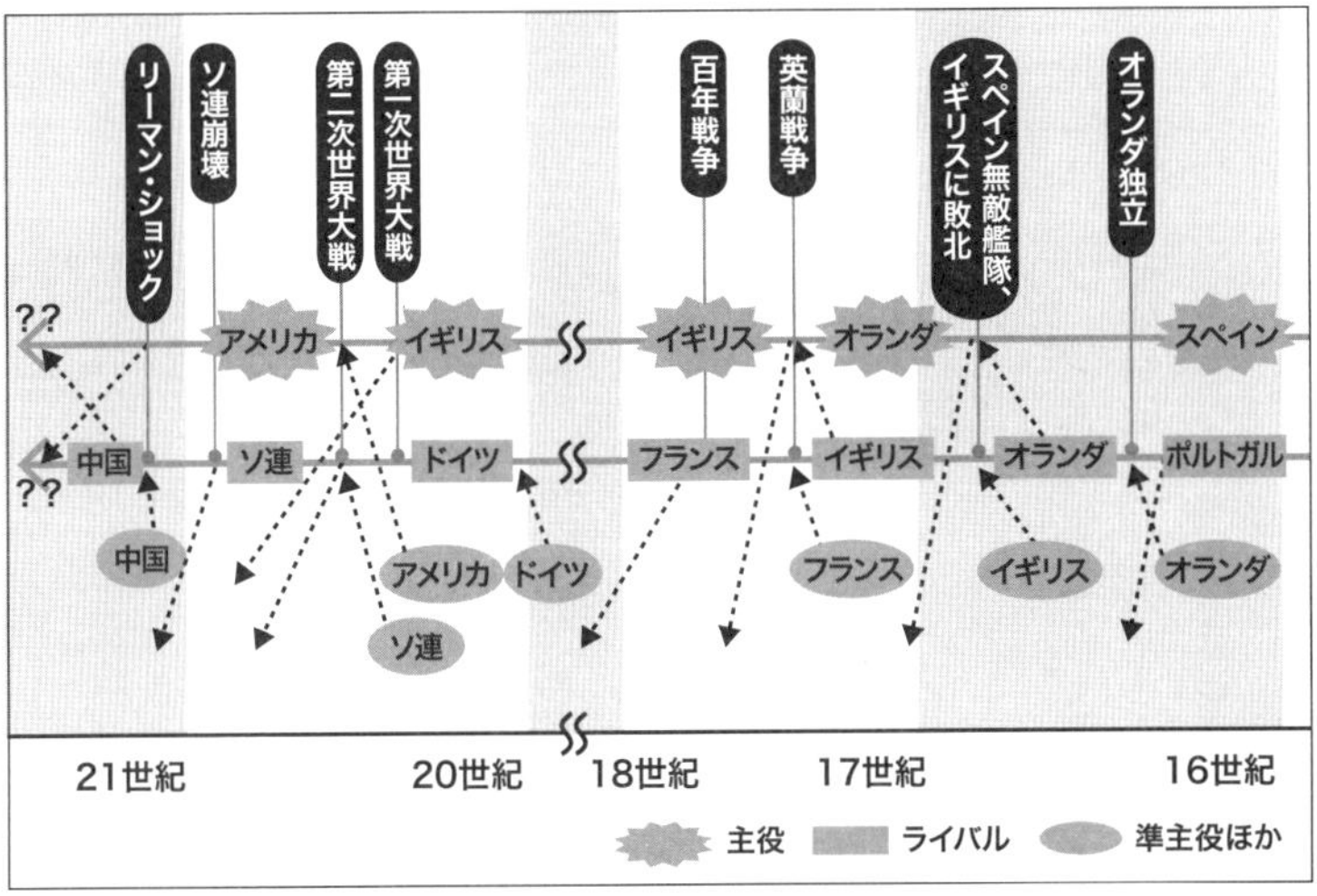

の、東半分はポルトガルのものというとんでもない協定を結んでいます。

しかし、スペインの覇権は一六世紀末には終焉《しゅうえん》を迎えます。

理由は、一五八一年、来るべき新たな「ライバル」、ネーデルランド（オランダ）の独立と台頭、一五八八年、「主役」であるスペインの無敵艦隊がイギリスに敗れ、国力が衰退したことなどでした。

②一七世紀　「主役」オランダと「ライバル」イギリスの「覇権争い」

こうして新たな「主役」になったオランダの時代がやってきます。

「ライバル」は、スペインに勝利したイギリス。

両国は、世界各地で植民地獲得の激しい争いを繰り広げました。

そして一七世紀半ば、ついに本国同士の戦争

「英蘭《えいらん》戦争」が起こります。

イギリスはこれに勝利して覇権国になり、オランダの影響力は、徐々に衰えていきました。

③一七世紀末「主役」イギリスと「ライバル」フランスの「覇権争い」

オランダにかわって「主役」イギリスの「ライバル」になったのは、フランスでした。

両国は一七世紀末から、約一〇〇年にわたって世界各地で戦い続けました。

しかし、イギリスはそのほとんどの争いに勝利し、全世界に植民地を獲得。

「日の沈まない国」と呼ばれる超覇権国家になりました。

④二〇世紀前半「主役」イギリスと「ライバル」ドイツの「覇権争い」

しかし、「永遠の覇権国家」など存在しません。

またもや新たな「ライバル」、ドイツが登場します。

イギリスとドイツは、二度の大戦争(第一次世界大戦、第二次世界大戦)を戦いました。

イギリスは、一次も二次も、アメリカ、ロシア(二次はソ連)を味方につけて勝利。

しかし、第一次世界大戦後、経済覇権はアメリカに移り、第二次世界大戦後はアメリカとソ連、二極時代(＝冷戦時代)が到来します。

こうして、「主役」だったイギリスは没落。

「ライバル」だったドイツは西ドイツと東ドイツに分割されてしまいます。

⑤二〇世紀後半 「主役」アメリカと「ライバル」ソ連の「覇権争い」

その後、資本主義陣営のアメリカ、共産主義陣営のソ連は、各地で「代理戦争」を繰り広げました。

おもな戦いをあげましょう。

・**中国内戦**(一九二七~一九四九年) アメリカは国民党を支援、ソ連は共産党を支援。
・**朝鮮戦争**(一九五〇~一九五三年) アメリカは韓国を支援、ソ連(と中国)は北朝鮮を支援。
・**ベトナム戦争**(一九六〇~一九七五年) アメリカは南ベトナムを支援、ソ連(と中国)は北ベトナムを支援。
・**アフガン戦争**(一九七八~一九八九年) アメリカはムジャーヒディーンを支援。ソ連はアフガニスタン民主共和国を支援。

こう見ると、米ソはほとんど常に、世界各地で「代理戦争」を行っていたことがわかります。

ところが一九九一年一二月、ソ連が自壊し、ついに「アメリカ一極世界」が到来します。

しかし、その「単独覇権時代」は長くありませんでした。

二〇〇八年九月一五日、リーマン・ショックからはじまった「世界的経済危機」で、「**アメリカ一極時代**」**は終わった**とされています(日本では、なぜかそもそも「アメリカ一極世界」という言葉自体がマイナーですが)。

危機がはじまる八か月前、同年一月二三日、世界屈指の投資家、ジョージ・ソロスはダボス会議でこんな発言をしています。

現在の危機は、ドルを国際通貨とする時代の終焉を意味する。

ソロスは、婉曲《えんきょく》的な表現ながら、「**アメリカ一極時代は終わった**」と宣言したのです。

二〇〇九年、「G2(米中)時代」という言葉がはやりました。

実際、中国はGDPでも軍事費でもアメリカに次いで二位なので、そういう用語がうまれるのは当然でしょう(厳密にいうと、中国がGDP二位になったのは二〇一〇年ですが)。

ここまでで、第2の原理、
世界の歴史は「覇権争奪戦」の繰り返しである。

が根拠のない妄想でないこと、ご理解いただけたでしょう。

近い将来、「米中覇権争奪戦争」は「代理戦争」という形で起こる

この原理にのっとって、いまの世界を見るとどうなるでしょう?

ご存知のとおり、現代世界の「主役」はアメリカ、「ライバル」は中国です。

では、「**米中覇権争奪戦争**」**は起こるのか?**

これまでの「事実」を見れば、起こる可能性は非常に高い。


「いまの時代、戦争なんて起こりませんよ」

それが「妄想」であること、すでに理解してくださっていると思います。

しかし、冷戦時代に起こった「ある変化」にも目を向ける必要があります。

それは、**「米ソの直接戦争はなく、代理戦争が世界各地で行われた」**。

米ソが直接戦争一歩手前までいったのは、一九六二年一〇月のキューバ危機だけです。

残りはすべてが「代理戦争」。

なぜなら、**「核兵器ファクター」**が大きくなったから。

つまり、アメリカもソ連も両国を破壊しつくせるだけの核兵器を保有している。

だから、必然的に、「直接戦争」を避けた「代理戦争」になった。

では将来、現在の「主役」アメリカと「ライバル」中国の「代理戦争」はどこで行われるのか？

すでに兆候はあります。

ベトナムで、フィリピンで、**日本**で。

米中直接戦争が起こるかどうかはわかりませんが、

「米中代理戦争が起こる可能性はきわめて高い」

そう思っておかなければいけないのです。

日本人の知らない

Методология Кремля

クレムリン・メソッド

第3の原理　国家にはライフサイクルがある

「国家ライフサイクル論」は、「世界の姿」を知るための非常に重要な原理である

「国家のライフサイクル？」

私のメルマガや本をまだ読んでいないかたには、「初耳」でしょう。

国にも、自然の「春夏秋冬」、人生の一生「青春・朱夏《しゅか》・白秋《はくしゅう》・玄冬《げんとう》」のようなプロセスがある。

ということです。

これは、本書で示す「クレムリン・メソッド」のなかでももっとも重要な「原理」の一つです。

というのは、この原理を知れば、「現在の世界の姿」と「来るべき(近未来の)世界の姿」を、非常にシンプルに予測できるようになるからです。

さて、これからできるだけくわしく「国家のライフサイクル」をご説明していきます。

前述の第2の原理同様、これも、事実(歴史)を見ればだれも否定できません。

かつて栄華を誇ったエジプト、ギリシャ、ローマ帝国、モンゴル帝国等々はいまどうなっているか？　近代の覇権国家スペイン、オランダ、イギリスはいまどうなっているか？

答えは明らかですね。

では、国家はどのような「ライフサイクル」のプロセスを経ていくのか？

国家にはライフサイクルがある

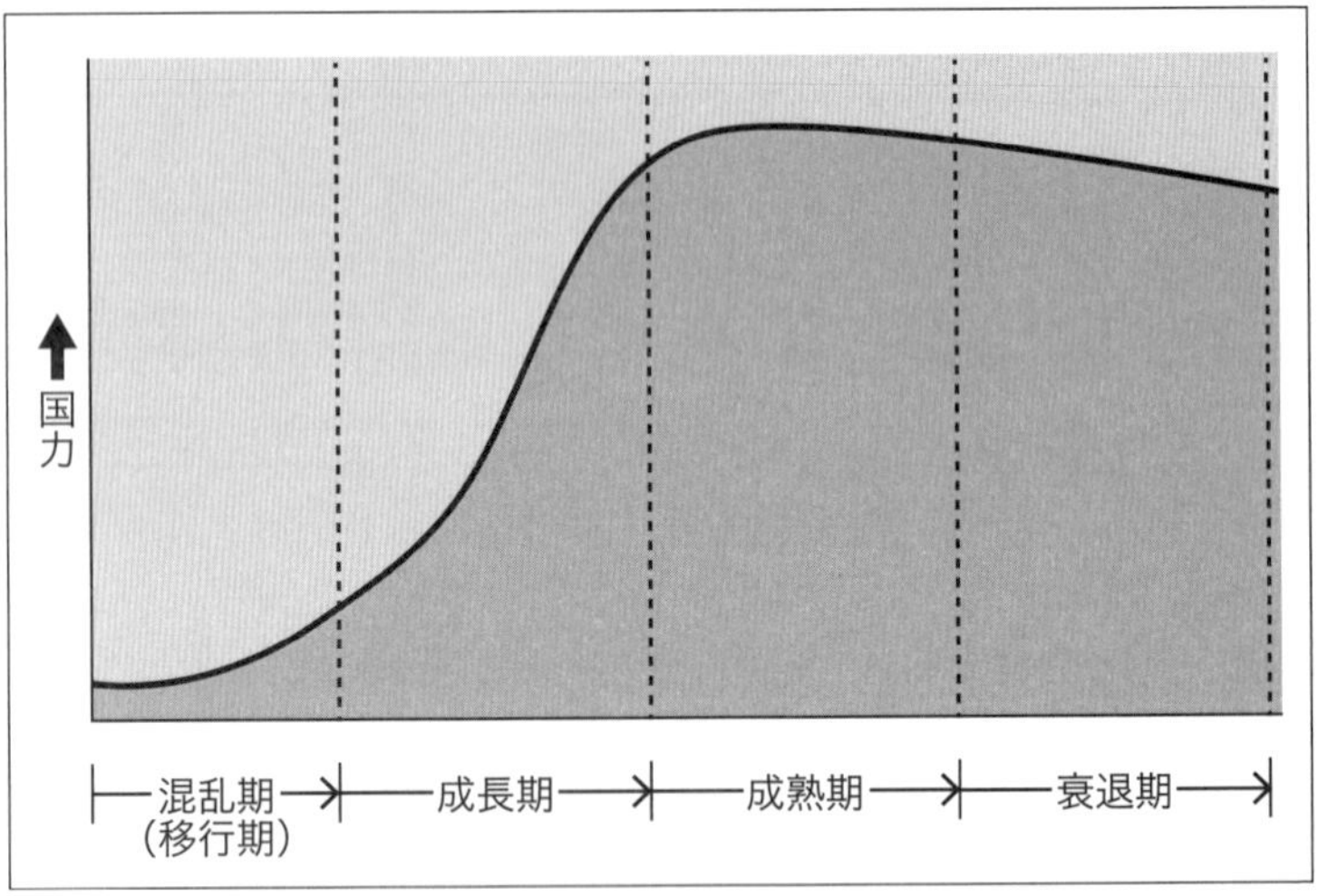

私は、前の体制からの**移行期・成長期・成熟期・衰退期**の四つにわけて考えます。

ある国が混乱しているとします。

そこに強力な指導者が出てきて、まず「政治」を安定させ、移行期を終結させる。

次に、指導者は「経済」を成長軌道に乗せます。

そして高度成長が始まる。

やがて高度成長の時期が終わり、低成長安定の成熟期に入る。

このプロセスは不可逆的な流れであり、「逆戻りする」ことは不可能なのです。

季節でいえば、春の次には必ず夏が来て、その後に、必ず秋が来て冬が来る。

春の次にまた冬になっちゃったなんてことはありえません（ただし、戦争や革命が起こった場合は別です）。

つまり、現在もはや「成熟期」にある日本が、再び「成長期」に戻り、いきなり二桁の高度成長をすることはありえない。

あるいは、かつて政治的にも経済的にも「世界の中心」だった欧州が、再び同じ状態に返り咲くことはありえない。

これも歴史を見れば明らかでしょう。

既述のように、ここ五〇〇年の覇権国家(主役)を見ると、スペイン、オランダ、イギリス、アメリカと交代してきました。

それに呼応して、覇権国家に対抗する「ライバル」国も、ポルトガル、フランス、ドイツ、ソ連と移り変わっています。

そして、一度覇権国家から転げ落ちた国にはいま、かつての栄光をカケラほども見ることはできません。

ある国の未来を分析するとき、ライフサイクルの位置を知ることはもっとも大事です。

その国がもしいま「成長期」であれば、次は必ず「成熟期」が来ます。

そしてある国がもしいま「成熟期」であれば、やがて「衰退期」に向かいます。

現在の位置さえわかれば、
その国が今後上向きになるのか、下向きになるのかが、瞬時にわかる。

国家には「移行期」「成長期」「成熟期」「衰退期」の四つのライフサイクルがある

ではある国がいま「ライフサイクル」のどの位置に立っているのか、どう見ればわかるのか？

これはだれでも知ることができ、また簡単です。

●移行期（混乱期）

まず**移行期**。これは**混乱期**ともいえます。

政治が不安定。いくつかの政治的グループが戦っている。経済なんて気にしていられない。

たとえば日本でいえば、かつての戦国時代が、その時期に当たるでしょう。

いまの世界でいえば、たとえば中東やアフリカなど、一向に政治的な争いが絶えず、内政が混乱した国はすべて、移行期、混乱期といえます。

●成長期

次に**成長期**。
いまの時代、移行期から成長期に移る大まかな条件は、
① **政治が安定すること**
② **まともな経済政策が行われること**

左から、中華民国初代総統・蒋介石(1887-1975)、中華人民共和国初代国家主席・毛沢東(1893-1976)、初代国家中央軍事委員会主席・鄧小平(1904-1997)

①の「政治が安定すること」ですが、共産党一党独裁の中国や、「なんちゃって民主主義」のロシアを見れば、その政治体制が絶対に民主主義であることが必要ではないことがわかるでしょう。

むしろ「移行期」から「成長期」に移るときは、民主主義ではなく独裁的な指導者が出て経済を成長軌道に乗せるケースが多いのです。

たとえば、韓国や東南アジア諸国がそうでした。また少し前のロシアやカザフスタンも同様です。

次に、②の「まともな経済政策が行われること」について。

どんなに政治が安定しても、独裁者が経済にまったく無知であれば、その国の成長は望めません。

たとえば、毛沢東《もうたくとう》は国民党の蒋介石《しょうかいせき》に勝利し、一九四九年に中華人民共和国を成立させました。

しかし、その後の政策といえば、「大躍進」だの「文化大革命」だのメチャクチャ。

中国が「成長期」に入ったのは、賢い鄧小平《とうしょうへい》の時代に入ってからでした。

他の例をあげると、旧ソ連諸国のほとんどは、いまだに独裁者あるいは権威主義的大統領が国を治めています。

プーチンのロシアだけは、特に世界的経済危機が起こった二〇〇八年まで、急成長をつづけてきました。しかし、他の大部分の国々は貧しいまま(カザフスタンなどの例外もありますが)。

これは独裁者の能力もさまざまという例。

うまく「移行期」から「成長期」に入ると、多くの場合、高度経済成長がはじまります。そして、国民の関心は「食べること」から「豊かな暮らし」に移っていきます。

「成長期」の国では福祉が充実していき、国民所得もどんどん上がっていく。

●成熟期

「成長期」の後に来るのが「**成熟期**」。

「成熟期」に入ると、高度経済成長はストップし、低成長になります。

「成長期」の前半は二桁成長も普通だったのに、「成熟期」に入ると、経済が好調でも年間四%くらいで満足しなければなりません。

●衰退期

実をいうと、「いつ成熟期から衰退期に移行するのか?」を知ることはとても困難です。

移行期から成長期、成長期から成熟期のときのようなだれでもわかる兆候がありません。

しかし、歴史を見るに、衰退期の国では、支配者層が政治に飽き、汚職や過度の贅沢に走り、財政赤字をどんどん膨らませる。そして、自らが贅沢をつづけるために、増税を課し、国民に恨みがたまっていく。治安が悪化し、革命が起こる。こんなプロセスになることが多いようです。

そして、再び国は、移行期(混乱期)に入っていきます。

「成長期」か「成熟期」かは、「賃金の水準」を見ればわかる

「国のライフサイクル」を見るのは簡単といいました。でも一般のかたにとっては、その国がまだ「成長期」にあるのか、それともすでに「成熟期」に入ったのかを見きわめることは少々難しいと思います。

私の場合、その国が「成長期」か「成熟期」かを判断するとき、まず①「**賃金の水準**」、**次に、②「人口の増加が止まること**」を目安にします。

まず一番目、「成長期」の国では従業員の賃金がどんどん上昇していきます。

しかし、その賃金水準が他国比で高くなったとき、国内外の企業にとってその国の魅力はなくなり、工場などの生産拠点を賃金の安い国へ移していく「**空洞化**」がどんどん進んでいくのです。

大切な部分ですので、簡単な例をあげて考えてみることにしましょう。

日本に住むAさんは、大手靴メーカーA社の社長をしています。

バブル崩壊後は業績がちっともよくなりません。

一九九〇年代の半ばくらいから、競争相手は、中国製品。

しかし、A社の靴の一〇分の一くらいの値段で売られているのです。

もちろん「安かろう悪かろう」ですが、九〇年代の半ばを越え、A社はますます業績が悪化していきました。

Aさんは、はじめ従業員の給与を抑え、彼らの労働時間を長くして、なんとか利益をあげようとがんばってきました。

ところが、中国製品とのコストの差は依然縮まらず、もうニッチもサッチもいかなくなった。

そこで、ついに中国に工場を建てることを決心します。

中国人従業員の賃金は当時、日本の約三〇分の一だったので、人件費は大幅にカットできました。

製品価格を大幅に値下げできたので、売り上げは伸び、利益率もとんでもなく高くなりました。

これは、「成長期」が終わり「成熟期」に入った国でよく見られる風景ですね。

しかし、いったいこのとき、国全体のレベルでは何が起こっているのか？

まずA社一社だけを見た場合。

A社は大量のリストラをして日本の工場を閉鎖し、中国に工場を建てました。

当然、現地の従業員はほとんどが中国人。

A社は人件費を大幅に削減し、製品の価格を下げて日本に逆輸入することで大儲けし、息を吹き返しました。

しかし国全体のレベルを見ると？

同じような危機感から、中国に工場を移転した企業は、A社にとどまらず、相当な数に上ったはずです。

そして、それらの企業は、A社同様、国内の日本人雇用者の大量リストラを行ったはずです。

国レベルで見ると、失業者が大量に出たということです。

失業者は税金を払えませんから、国にとっては税収減です。

しかも、彼らには失業手当を払わなければいけないので、国にとっては支出増です。

日本の国家財政は収入減・支出増。


では次に、このことで中国側では何が起こったのかを見てみましょう。

A社のような日本企業が中国に工場を建てたことで、中国国内の失業者が減る。

また、これら日本企業の現地法人は中国政府に法人税を納め、中国人の従業員も所得税を納めるため、中国国家の税収が上がる。

中国政府は収入増・支出減。

「空洞化」現象とは？

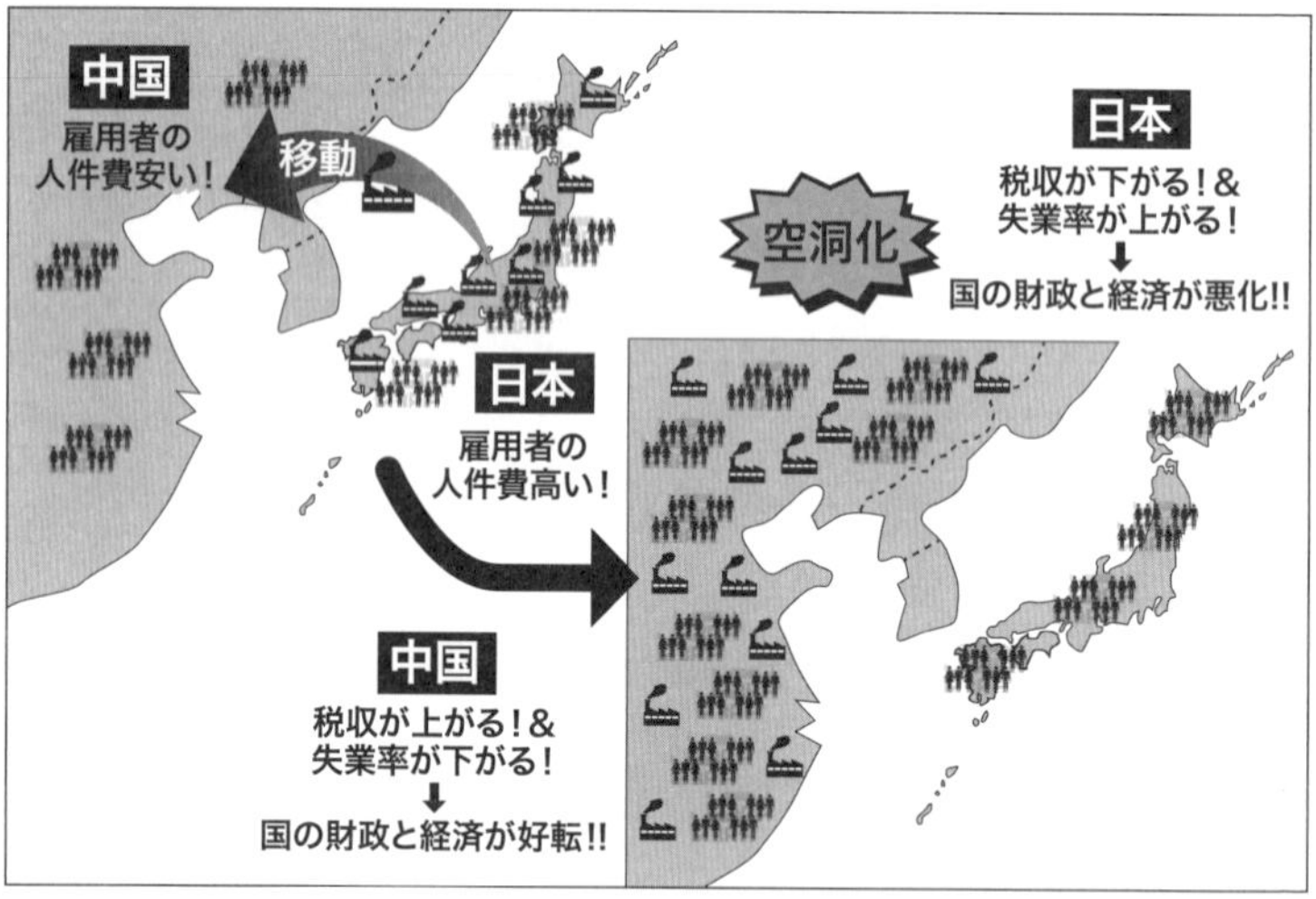

つまり、この構図によって「**日本政府は大損、中国政府は大儲け**」という結果になります。

これこそが、まさに日本やアメリカのような「成熟期」の国で起こる、典型的な現象なのです。

でも、「世界企業ランキングを見ると、アメリカ企業が上位を独占しているではないか。アメリカ経済はまだまだ強いはずだ」などという人がよくいます。

しかし、これは国と企業をごっちゃにした大いなる勘違いです。

問題なのは、企業ランキングの上位を占めているアメリカ企業のほとんどが、中国や東南アジアなどの国民を雇い、その国に税金を払っているということ。

そして、製品を自国に逆輸入することで、アメリカの貿易赤字を増加させているということ。

というわけで、賃金水準が高い「成熟期」の国からは、自国の強い企業がどんどん賃金の安い国に逃げ出す結果、自国の税収は伸びず、逆に支出が増えていきます。

そのため、「成熟期」の国々では**財政赤字が一番の問題になっていくのです。**

次に、その国が「成熟期」に入ったことを示す重要な目安は、「人口の増加が止まる」ことです。

世界の歴史や現状を見ると、医学の発達していない場所では、人口がほぼ一定に保たれていますす(たくさん産むが、たくさん死ぬ)。

その後、医学が進歩したり、他国から最新医療技術が導入されたりすると、出生率は高いままで死亡率は減るので、人口が急増します。

やがて経済成長とともに出生率は低下し、少子化が進んでいく。

これは、世界のどこにでも見られる共通の現象です。

中国の「国家ライフサイクル」は、日本より約三〇年遅れている

「国家ライフサイクル」でわかるのは、あくまで、国と世界の「おおまかな」動きと方向性です。

しかし、これを理解すれば、高校生でも、政治や経済に関心のない人でも、世界中のさまざまな国がいまどんな状態にあるのかを知ることができるようになります。

いつ、その国の国力や経済力のピークがやってくるのか、いつ「成熟期」に入り、その後どんな問題が起こるのかがわかるようになります。

現在の世界の「主役」「ライバル」「準主役たち」の将来や、次に覇権国家を狙う可能性があるのはどの国か、そしてそれにともなって世界はどう動いていくのか。

そのこともかなり正確に予測できるようになるでしょう。

その予測に従って、自分たちの進路を定めていく。

これが、日本がこれから先、サバイバルしていくために重要なのです。

さて、現在も将来も日本にとって重要な国々は、政治・経済・軍事における「主役」「ライバル」「準主役」である、アメリカ、中国、EU、ロシアです。

ここでは、実際に「国家のライフサイクル」から見て、これらの国(地域)の将来を予測してみたいと思います。

さらに、この原理で世界を見ると、日本にとって、将来、前述の国々以上に重要になるであろう、ある国が明らかになります。

その国についての「国家ライフサイクル」も後に詳述します。

まずは、日本にとって軍事的脅威を増大させている中国から見ていきます。

その前に、「北京オリンピック」前年の二〇〇七年のことをちょっと思い出してください。

日本では、「二〇〇八年のオリンピック、二〇一〇年の上海万博でバブルがはじけ、中国は体制崩壊まで進む」という、「中国崩壊論」が大流行していました(調べてみてください)。

しかし、私は自身のメルマガや本のなかで、

「バブルは崩壊するが、中国はまだ成長期の前期。立ち直りは早い」

と予測しました。

実際、中国は世界的大不況がもっとも深刻だった二〇〇九年に九・二%、二〇一〇年に一〇・四五%もの成長を成し遂げ、世界で「一人勝ち状態」になりました。

詳細は二〇〇七年出版の『中国・ロシア同盟がアメリカを滅ぼす日』にありますが、ここでは、当時私がどのように中国のライフサイクルを読んだのか、書いておきましょう。

私が結論に至った理由は、以下の三つでした。

① 中国のライフサイクルは、日本より三〇年遅れている

中華人民共和国が成立したのは一九四九年です。

しかし、毛沢東の経済政策はメチャクチャで、中国を成長期に乗せられませんでした。

中国が「成長期」に入ったのは、鄧小平が一九七八年一二月、資本主義的経済改革をはじめてからです。事実上、一九七九年からといえるでしょう。

一方、日本は一九五〇年の朝鮮戦争で経済復活のきっかけをつかみ「成長期」に入った。

つまり、日本と中国が「成長期」に入った時期は、約三〇年ズレている。

その後の日中を比較してみましょう。

日本は、一九六〇年代に急成長しました(安かろう悪かろうといわれながら)。

三〇年後の一九九〇年代、中国は急成長をつづけ、世界から注目を集めるようになりました(安かろう悪かろうといわれながら)。

一九七〇年代、日本は「世界の工場」の地位を確立。

三〇年後の二〇〇〇年代、中国は「世界の工場」に。

日本の全盛期は一九八〇年代後半(いわゆるバブル時代)。

一九九〇年代はじめにバブルが崩壊し「成熟期」に入った。

中国が三〇年遅れで日本を追っていると仮定すると、中国の成長期は二〇一九〜二〇二〇年ごろまでつづき、その後「成熟期」に入る。

② 賃金水準の低さ

既述のように私がライフサイクルを見る際にもっとも重視しているのが、政治の安定と賃金水準。

当時、中国の賃金は、アメリカの一九分の一、EUの二三分の一の水準。

世界の企業にとって、まだまだ「魅力的な労働市場」でした。

③ 人口の推移

当時私は、「中国の人口は二〇三〇年代半ばまで増加し、一五億人台でピークに達し、その後減少に転じる」とする中国専門家の予測を読みました。

面白いことに、日本の人口は二〇〇五年から減少しはじめた。

そして、それから三〇年後に中国の人口も減りはじめるというのです。

以上から、私は二〇〇七年当時、「中国はまだ成長期前期」という分析をしました。

それで、「バブルははじけるが、『中国崩壊論者』がいうような『体制崩壊』は起こらない。日本のような長期不況に陥ることはなく、すぐ盛りかえす」と判断したのです。

そして、実際そのようになりました。

「国家のライフサイクル」から、中国の近未来を予測する

では、中国はいま、ライフサイクルでどこにいて、これからどうなっていくのでしょうか？

「中国は、日本から三〇年遅れている説」で、現在の中国を見てみましょう。

ライフサイクルで見ると、中国はいま(二〇一四年時点)「**成長期後期**」に入っています。

その結果、日本や他の先進国の例からも、「**成長期後期**」**に典型的な特徴**が出てきています。

たとえば、**成長率の鈍化**。

成長期前期だった一九九〇年代、二〇〇〇年代、中国は二桁成長が珍しくありませんでした。

しかし二〇一〇年代になってから成長率は鈍化し、二〇一二年から三年連続で七％台です。

日本からすれば、それでもうらやましい数字ですが、見なければいけないのは中国経済のおおまかな「方向性」です。

もう一つ重要なこと。

すでにお話ししたように（P.88）、どこの国でも「成長期後期」に入ると、

企業がその国から逃げはじめる（空洞化が起こる）。


理由は、いうまでもなく「**賃金水準の上昇**」。

中国はどうでしょうか？

産経新聞二〇一三年八月九日付をごらんください。

〈日本企業の上期直接投資　**脱中国くっきり**　ＡＳＥＡＮに軸足
日本貿易振興機構（ジェトロ）が8日発表した「世界貿易投資報告」によると、今年上期（1～6月）の日本企業の対外直接投資額は、東南アジア諸国連合（ＡＳＥＡＮ）向けが前年同期比55・4％増の102億ドル（約9800億円）で過去最高を記録、**対中国向けの2倍超に膨らんだ**。〉
〈昨秋以降の日中関係の悪化や**人件費の高騰**を背景に、中国向け直接投資は31・1％減の49億ドル

まで落ち込み、生産拠点の「**脱中国**」が鮮明になった。〉(同前)

もちろん、「日中関係悪化」がきっかけではありますが、「**人件費高騰**」も大きな理由です。

つまり「尖閣国有化」による日中関係悪化は、「脱中国」の決意を後押ししたにすぎない。

遅かれ早かれ、日本企業は、「中国は人件費が高い」「他の国で生産しよう」と判断したでしょう。

では、企業は中国から逃げてどの国に移動しているのか?

〈ジェトロの現地調査では、ASEANのうち、上期の日本による対外直接投資が1位だったインドネシアは、自動車メーカーの新工場建設や拡張ラッシュに伴い、部品や素材メーカーの進出が加速している。

上期投資額で2位のベトナムは、チャイナ・プラス・ワンの有力候補で、現地の日系事務機器メーカーの生産台数が中国を上回ったという。〉(同前)

つまり、日本企業の投資先は、

中国　↓　インドネシア　↓　ベトナム

と、ちょうど水の流れのように、人件費の高いほうから低いほうへ、さらに低いほうへと移動しつつあるのです。

では、日本、中国と、インドネシア、ベトナムの人件費は具体的にどのくらい差があるのか？

二〇一三年の一人当たりGDPで比較してみましょう。


日本、三万八四九一ドル。

中国、六七四七ドル（＝日本の五・七分の一）。

インドネシア、三五〇九ドル（＝日本の約一一分の一、中国の一・九分の一）。

ベトナム、一九〇一ドル（＝日本の約二〇分の一、中国の約三・五分の一）。


こう見ると、日本企業が中国を離れ、インドネシアやベトナムに引っ越すのは当然の流れ。

この傾向は、今後ますます強まっていくことでしょう。


私は、中国経済について二〇〇七年にした予測を、変更する必要を感じません。

ただ、ライフサイクルは「方向性」であって「厳密に何年に」とはなかなかいえません。

たとえば、同じ八〇歳でも寝たきりの人がいれば、仕事をバリバリしているかたもいます。

それと同じことですが、ただ、ライフサイクルの流れが逆戻りしないことだけは確かです。

中国は、二〇一八～二〇二〇年ごろに「バブル崩壊」が起こる可能性が高い

私は、現時点で「**中国経済は二〇一八～二〇二〇年ごろ、日本のバブル崩壊に匹敵するような出来事が起こる**」と見ています。

それがきっかけで、「**共産党の一党独裁体制は崩壊するかもしれない**」とさえ思います。

なぜか？

既述のように、中国は「一党独裁体制」です。

国民が選挙で選んだわけではないので、本来なんの「正統性」も存在しない。

「正統」と思わせている唯一の理由は、「共産党一党独裁だから経済成長する」という幻想です。

鄧小平の時代から、そういうことになりました。

その前の毛沢東の時代は、「暴力」と「恐怖」で人民を支配していた。

ところが二〇一八～二〇二〇年ごろ、経済危機が起こる、あるいは経済が成長しなくなる。

そうすると、先に述べた共産党の「正統性」はなくなります。

日本だったら選挙が行われ、自民党から民主党に、民主党から自民党にと、「革命」なしで政権交代が行われる。

しかし、中国では、「革命」以外に「政権交代」の方法が存在しない。

よって、中国国民の不満が「革命」という形で爆発する可能性が出てくるわけです。

ただ、時期は多少ずれるかもしれません。

なぜかというと、中国政府は現在、熱心に二つの史実を研究しているからです。

一つは、日本の「バブル崩壊」。

中国は、「どうすれば日本のような長期不況にならずにすむか」を研究しています。

もう一つは、「ソ連崩壊」。

中国は、「どうすれば、ソ連のようにならず、共産党の一党独裁体制を維持できるか?」、とても熱心に研究しています。

もう一つ、共産党は景気悪化を「他国からの脅威を煽《あお》ること」で忘れさせようとするでしょう。

これも、いろいろな国で行われている手法です。

「アメリカと日本が、いまにもわが国に攻め込もうとしている!」

そうなると、「中国人民を守れるのは共産党と人民解放軍だけである!」といって権力維持の「正統性」を確保できるからです。

「国家のライフサイクル」から、欧州の近未来を予測する

この国のピーク(成長期の頂点)はいつだろう?

ある国の「ライフサイクルを知ろう」と思ったとき、まずこのことを自問すべきです。

ここでは欧州について考えてみましょう。

「この地域のピークはいつだろう？」

なかなか難題ですね。

「地域」といったのは、「欧州」は国ではないからです。

さて「欧州のピーク」を考えるとき、この地域から出た「覇権国家群」「ライバル群」について考える必要があります。

覇権国家＝スペイン、オランダ、イギリス
ライバル＝ポルトガル、フランス、ドイツ
このうち、スペイン、ポルトガル、オランダ、フランスなどは、それぞれすでに移行期、成長期を通過しました。

そして、欧州から出た最後の「世界的覇権国家」はイギリスです。

イギリスのピークは、カナダ、オーストラリア、インド、香港、アフリカにまたがる広大な植民地を有していた、一九世紀でしょう。

しかし、イギリスは二〇世紀に没落した。

この国は、第一次、第二次世界大戦に勝利はしましたが、「覇権」は完全に失いました。

その後、「覇権」はアメリカに移っていった。

そして、「ライバル」は、イギリスと二回死闘を繰り広げたドイツからソ連に移っていきました。

第二次世界大戦後の欧州は、西半分をアメリカが、東半分をソ連が支配する状態になった。

これで、**欧州は完全に没落したのです。**

「欧州のピークはいつだろう？」

こういう質問は適切ではなく、世界的覇権国家だったスペイン、オランダ、イギリスの「ピークはいつだろう」と問う必要があるのですね。

そして、欧州最後の覇権国家イギリスのピークは一九世紀である。

その後、覇権は米ソに移ったので、欧州はとっくにピークを過ぎ、いまは、当然「成熟期」。

しかも、ピークが一〇〇年以上前であることを考えると、同じ「成熟期」でも日本やアメリカより「かなり歳をとったベテラン」といえます。

EUは、もはや「世界の中心」にはなれない

EUはますます拡大し(現在二八か国)、統合はますます深化しています。

統合は政治・外交分野にまでおよんでいて、二〇〇九年には「EU大統領」(正確には、欧州理事会議長)、「EU外相」(正確には、欧州連合外務・安全保障政策上級代表)と呼ばれるポストも登場しています。

あたかも「一つの巨大な国」のようですね。

ここから当然出てくる疑問があります。

「EUは、一つの新しい国になったのだから、新たなライフサイクルをつくりだせるのではないか？」。つまり、「EUが新国家として、再び成長期に突入することがあるのではないか？」。

「ありえない」と断言します。

答えは簡単です、EUは『成熟期』国家の集まり」だからです。

もちろん、内部を見ると、国によってかなり格差があります。

ルクセンブルクのように、一人当たりGDPが一一万ドル(日本円で一一〇〇万円！)を超えるとても豊かな国も、ブルガリアのように七三二八ドルの貧しい国もある(以下、イメージしやすいように、本書では一ドル＝一〇〇円で換算します)。

そこで、EU平均でみると、一人当たりGDPは約三万二〇〇〇ドル。

これは、世界全体で見ると、二〇一三年の水準で二八位に位置します(日本は二四位)。

つまり、EUは、すでに十分豊かである。そのため、これから高度成長するような余地はない。

そして、後述しますが、EUには「成熟期の特徴」がはっきり現れています。

「国家ライフサイクル論」の原理から見ると、欧州は今後ゆっくりと衰退していく流れなのです。

国が「成熟期」に入ると、「移民労働者の大量流入」問題が起こる

「成熟期」について、一つ指摘しておきたいことがあります。

「成熟期」に入った他の先進国には、その多くに「移民を大量に受け入れる」傾向があります。

理由は、「労働力が不足しているからだ」と。

まさに、欧州がそうですね。

しかし不思議なことに、EUの失業率は二〇一四年六月の時点で一一％(!)を超えています。

「事実」としては、労働力が足りないどころか、「ありあまっている」状態。

そして、二〇〇八年に世界経済危機が起こる前も、欧州の失業率は七～八％が普通だった。

では、欧州はなぜ「労働力があまっているのに、移民を積極的に受け入れた」のか??

それは、「ある分野」では、確かに労働力が不足したから。

いわゆる**3K(きつい、汚い、危険)労働**です。

ある程度暮らしが豊かになった「成熟期」の国民は、3K労働をやりたがりません。

それで政府は、「**3K労働は、移民、外国人にやらせることにしよう**」と考える。

反対する自国民は、「人種差別主義者」と非難し、反論を封じ込めます。

しかし、考えてみてください。

「**自国民が嫌がる3K労働は、安くこきつかえる外国人にやらせればいい**」

こういう思考こそが、「**人種差別**」ではないですか?

事実、欧州の「移民政策」は大失敗し、政治リーダーたちもそれを認めつつあります。

〈ドイツのメルケル首相が最近、「多文化主義は失敗した」と述べ、波紋を広げている。各民族の文化を尊重する多文化主義は移民政策の理想モデルとされてきたが、移民を受け入れてきた国々で1990年代から文化摩擦が相次いで表面化。

ドイツでも米中枢同時テロ後、イスラム原理主義への警戒心が強まり、金融危機やその後の財政危機で**仕事や年金が移民に奪われる**との懸念が高まっていることが背景にある。

メルケル首相は16日、与党キリスト教民主同盟（CDU）の集会で、「ドイツは移民を歓迎する」と前置きした上で「**多文化社会を築こう、共存共栄しようという取り組みは失敗した。完全に失敗した**」と述べ、喝采（かっさい）を浴びた。〉（産経新聞二〇一〇年一〇月二〇日）

なんと、欧州第一の大国ドイツの首相が、「**移民政策は完全に失敗した！**」と認めています。

欧州第二の大国フランスはどうでしょうか？

〈「フランス」移民への規制強化　サルコジ政権ロマ排除に続き

［パリ福原直樹］フランスのサルコジ大統領は30日、移民出身の仏市民が治安当局を襲撃した場合、仏国籍をはく奪するなど、移民に対し厳しい処置で臨む方針を表明した。

大統領は最近、国内を放浪するロマ族などへの規制強化も表明しており、人権団体は「外国人や

移民の排斥だ」と批判している。〉(毎日新聞二〇一〇年七月三一日)

どうして、規制を強化することにしたのか?

〈きっかけは、16、17の両日に仏東部・グルノーブル市で起きた**暴動**。若者たちが、**警察官に発砲し、駐車中の車数十台を燃やした**。その数日前、強盗容疑で逃走中のアラブ系男性(27)が警官に発砲して射殺される事件が近郊で起きており、暴動は警察への報復とされる。〉(同前)

このように、フランスでは移民による「暴動」が起きたので、「規制強化を厳格化しよう!」という話になったのです。

ドイツ、フランスの話をしましたが、「移民の犯罪率の高さ」は、多くの国で大問題になっています(ロシアでも同様です)。

スイスの例をごらんください。

〈**スイスは住民の21%が外国籍**で、欧州でも比率が高い。伝統的に南欧諸国の外国人労働者を多く受け入れてきたが、近年は旧ユーゴ諸国など東欧からの移民が増えている。

連邦統計局によると、二〇〇九年に起きた**殺人罪の59%は外国人の犯行だったという**。

現在スイスの刑務所はすべて定員を上回っており、**囚人の70％は外国人**とのデータもある。治安悪化と外国人の増加を結びつける国民の不安が、投票に反映されたようだ。〉（同前）

どうですか、これ？

ざっくりいうと、人口の約二〇％を占める外国人移民が、殺人の約六〇％を起こしている。外国人移民が殺人を起こす可能性は、自国スイス人の**約六倍（！）**。

規制したくなるはずです。

私はなぜ、わざわざ欧州の３Ｋ移民問題に触れたのか？

それは二〇一四年三月、日本政府が、**「毎年二〇万人ずつの（３Ｋ）移民受け入れ」の検討を本格的にはじめる**と宣言したから。

しかしこれは、ヨーロッパ先進国と同じ轍《てつ》を踏み、必ず失敗にいたる道です。

欧州「キリスト教文明」は、イスラム移民の大増加で滅びる

「３Ｋ移民大量受け入れ派」のもう一つの論拠は、「人口の減少」「少子化」対策です。

実際、「成熟期」に入った国は、どこでも「人口の減少」「少子化」が大問題になっている。

主要先進国の合計特殊出生率(2014年発表分)

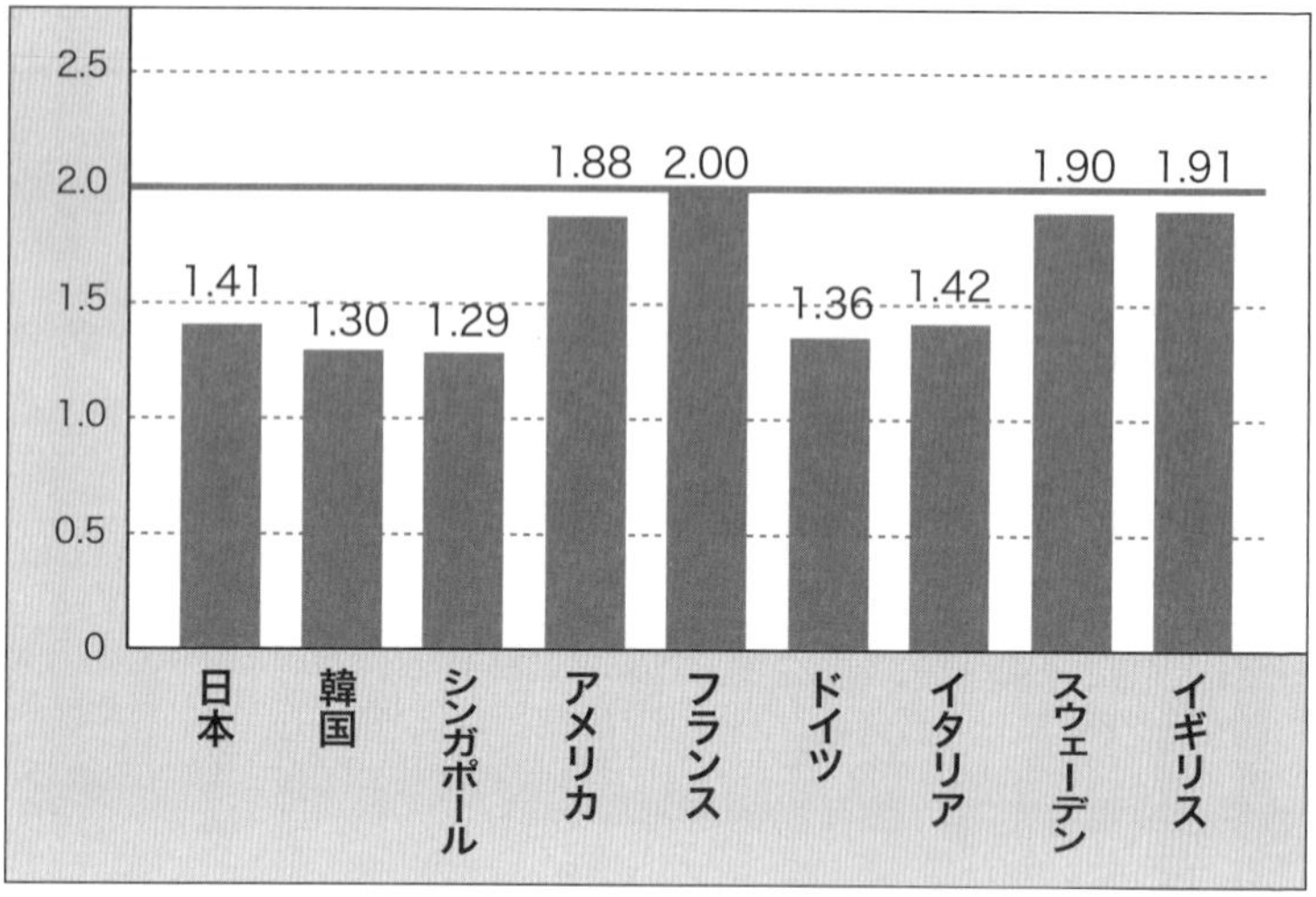

もちろん、欧州も同じです。

国連のデータによると、二〇〇五～二〇一〇年の合計特殊出生率(一人の女性が一生に産む子供の数)、欧州諸国は軒並み二人を割っています(**人口を維持するためには、最低二・〇八人が必要です**)。

主要国の合計特殊出生率を示した上のグラフをちょっとごらんください。

ちなみに日本は、一・二七(二〇一四年度では一・四二)ですから、かなり「悲惨」ですね。

ところが、欧州全体を見ると、おかしなことに人口は減っていないのです。

なぜなら、欧州は移民によって人口を維持しているから。

そして、そのほとんどは「**イスラム移民**」です。

さらに、「**イスラム移民は、出生率が高い**」という特徴があります。

たとえば、オランダやベルギーでは、新生児の約五〇％がイスラム教徒。

ドイツ政府の発表によると、現在ＥＵ圏内には五二〇〇万人のイスラム教徒がいるそうです。ＥＵ全体の総人口は約五億人なので、イスラム教徒は一〇％強を占めていることになる。同政府の予測によると、これが今後二〇年間で倍増し、イスラム教徒の数は一億四〇〇〇万人になる。

元からＥＵに住んでいるキリスト教徒の人口は、おそらくほとんど増えないか、少子化でむしろ減っていくことでしょう。

その数、ざっくりいまとほとんど変わらず四億五〇〇〇万人としましょう（現在のＥＵ総人口五億人からイスラム教徒五〇〇〇万人をひくと、四億五〇〇〇万人）。

すると、二〇三〇年代半ば、ＥＵの総人口は約五億五〇〇〇万人。そのうち一億四〇〇〇万人がイスラム教徒。

ＥＵ総人口に占める割合は、一八・九％。

約五人に一人がイスラム教徒ということになります。

さらに、フランスやドイツのような大国でも、二〇五〇年ごろにはイスラム人口が過半数を超えるとの予測があります。

つまり、ドイツもフランスも今世紀半ばには、「キリスト教文明圏」ではなくなり、「**イスラム文明圏」に呑み込まれる**ことになる。

実際そうなるかどうかわかりませんが、一〇〇年単位で見ると**欧州がイスラム圏になる可能性はきわめて高い**と思われます。

これは、いってみれば「**欧州（キリスト教）文明の死**」を意味します（私は、「事実」を語っているだけで、「反イスラム」では決してありません。念のため）。

「国家のライフサイクル」から、アメリカの近未来を予測する

これは、日本にとっても、世界にとっても最大の関心事といえるでしょう。

まず、「アメリカのピークはいつだったのか？」を考えてみましょう。

おそらく、答えは二つにわかれるでしょう。

一つ目の答えは、一九四五年、第二次世界大戦直後です。

このとき、アメリカの敵だった日本やドイツは、まったくの焼け野原でした。

そして、同じ戦勝国でも、イギリス、フランス、ソ連、中国などは、激しい戦火によって同じように国土も国民もボロボロ状態だった。

アメリカは、大国群のなかで、第二次世界大戦をほとんど無傷で乗り切った唯一の国。

だから、第二次世界大戦直後、アメリカは国力がピークに達していた。

二つ目の答えは、一九九一年一二月、ソ連が崩壊し、冷戦が終わったとき。

これでアメリカは、世界唯一の超大国になった。

そして一九九〇年代、アメリカ経済はＩＴバブルで「空前」と呼ばれる繁栄を謳歌していた。

さて、「どっちがピークだったのか？」。

私は、「第二次世界大戦直後がアメリカのピークだった」と思います。

それは、終戦直後のアメリカは、「世界の工場」であり、圧倒的「貿易黒字国」であり、世界最大の「対外債権国」だったから。

財政も戦争中は赤字でしたが、終戦後はすぐに「健全財政」に戻っています。

生活水準も賃金水準も世界最高で、すでに「成熟期」に入りかかっていたことがわかります。

一方、冷戦終結後のアメリカはどうでしょうか？

確かに、最大のライバル・ソ連が崩壊し、「アメリカ一極時代」になりました。

しかし、アメリカは、「世界最大の財政赤字、貿易赤字、対外債務国家」になっていた。

「成熟期」の国では、しばしば財政赤字、貿易赤字が問題になっています。

ちなみに日本も、ここ数年ですっかり貿易赤字が当たり前になってしまいました。

実際、二〇〇〇年代はじめにＩＴバブルがはじけると、アメリカのパワーは急速に衰えていきます。

二〇〇一年アフガン戦争、二〇〇三年イラク戦争を開始。

そして、二〇〇八年にはアメリカ発の世界経済危機が起こり、だれもが「アメリカの没落」を知ることになりました。

こう見ると、アメリカのピークは、やはり一九四五年の第二次世界大戦終了直後。

同国は、ケネディ大統領の後を継いだジョンソン大統領(任期一九六三〜六九年)から現在に至るまで、ずっと財政赤字をつづけています(ITバブルで財政状態が好転した一九九八〜二〇〇一年は、例外的に黒字になったが)。

貿易赤字は、一九八〇年代はじめから、ずっとつづいている。

対外債務残高は増大をつづけている(主な貸し手は日本と中国)。

二〇三〇年ごろ、アメリカと欧州の時代は終わり、アジアの時代が来る

私がはじめて「アメリカの没落」について指摘したのは、二〇〇五年に出版した『ボロボロになった覇権国家アメリカ』(風雲舎)のなかででした(メルマガでは、それ以前からしばしば書いていましたが)。

これはまさに、アメリカの「国家ライフサイクル」を見たのです。

アメリカ政府も、「一九六〇年代から世界における影響力が低下してきた」ことを認めています。

アメリカには、CIAなど一七の情報機関を束ねる国家情報会議(NIC)があり四年に一度「グローバル・トレンド」というレポートを発表しています。

最新のものは二〇一二年一二月一〇日に出た、「ワールド・トレンド二〇三〇」です。

ここには、一九六〇年代以降、グローバル経済におけるアメリカの重みが着実に低下してきたこと。そして二一世紀に入ってからは、特に中国の台頭によりアメリカのポジションが下がったことが指摘されています。

さらには、アメリカ一極時代が終わること(しかし、アメリカは数ある大国のなかで一番の大国ではありつづける)。二〇三〇年、世界に覇権国家は存在しないであろうこと。中国、インドの台頭により、アジアが欧米をGDP、軍事費、人口などで凌駕《りょうが》すること、などを予測しています。

つまり、このレポートで、アメリカ自体が「わが国は、**一九六〇年代にすでにピークを過ぎ、徐々に影響力を低下させている**」ということを認めている。

その一方で、中国、インドの台頭によって**欧米の時代は終わり、アジアの時代が来る**と予測しているのです。

一九世紀、世界の覇権国家はイギリスでした。

イギリスは二〇世紀になると、徐々にその影響力を低下させていった。

いっぽう、二〇世紀、世界の覇権国家はアメリカでした。

二一世紀、アメリカは二〇世紀のイギリス同様、ゆっくりと、あるいは急激に影響力を低下させていくことでしょう。

日本は、「アメリカ政府自身もそのことを知っている」ことを常に忘れず、自立への歩みを加速させていかなければなりません。

「国家のライフサイクル」から、ロシアの近未来を予測する

次に、経済力はさほどではないにしろ、世界の政治・軍事・資源などを考えたとき、「主役」を脅かすほどのパワーを持つ「準主役」ロシアについて見てみましょう。

ロシアは、日本にとっても、エネルギー問題、領土問題で、きわめて強い影響力を持つ国です。

では、ここでもまた、次の重要な質問からはじめます。

「ロシアのピークはいつだったのか？」

これは、みなさんにもすぐにわかると思います。

そう、「ソ連時代」ですね。

二〇世紀、特に第二次世界大戦が終わった一九四五年から、ソ連が崩壊する一九九一年までを「冷戦時代」、別の言葉で「米ソ二極時代」といいます。

つまり当時、ソ連(中心はロシア)は、アメリカと並び称される「超大国」だった。

では、いまのロシアは？

そう、「成熟期」。

だから、**ロシアが超大国に返り咲くことはない**。

さて、私が『中国・ロシア同盟がアメリカを滅ぼす日』を出版した二〇〇七年当時、ロシアは中国とともに「イケイケ状態」でした。

モスクワ在住の私には、「ロシアは再び超大国になるのか？」という質問がたくさん届きました。

私は、非情にも、こう断言していました。

ロシアが超大国に返り咲くことはありえない。

理由は、以下三つです。

① 覇権国家は一度没落すると、返り咲かない

ライフサイクルを見ると、「一度覇権を取った国は、没落後その地位に返り咲かない」という事実があります。

これは、ここ数百年の覇権国家とそのライバルだった国、ポルトガル、スペイン、オランダ、イギリス、フランス、ドイツ等のその後を見れば明らかです。

ロシアはソ連時代、一四共和国を直接統治し、東欧を間接支配。

さらに、その影響圏は、アジア(中国、北朝鮮、ベトナム、ラオス、カンボジア等)、中南米、アフリカまで、実に世界の三分の一におよんでいました。

これは、ライフサイクルでいえば立派な真夏。

共産陣営の覇権国家。

ですから、歴史的にロシアはピークを過ぎていると見るのです。

ここで、「中国はどうなんだ？　ほとんどの時期アジアの覇権国家だったではないか？」と突

っ込みが入るかもしれません。そのとおりです。

これは、「支配層の交代」と「広大な領土」「人口」によるものです。

日本は、「万世一系の天皇家」がある特殊な国。

しかし、実質権力者は、天皇家　↓　藤原氏　↓　平氏　↓　源氏　↓　北条氏　↓　足利氏　↓　徳川氏へと移行してきました。

そして、各支配層が、それぞれライフサイクルを経た。

このように、支配層が変わると、その国は新たなライフサイクルに入ります。

中国の場合、唐　↓　宋　↓　元　↓　明　↓　清　と王朝がコロコロ変わっています。

しかも、元は漢民族ではなくモンゴル系。

清は満州系。

なんと支配者の民族まで違っている。

そして、各王朝がそれぞれ、ライフサイクルを通過しました。

さらに、中国は国土面積がアジア一。

いつの時代も他国より人口が多かった。

そのため、中国は大昔から清朝まで、アジアの覇権国家でありつづけることができたのです。

ただ、「支配民族」まで違うことを考えると、「**中国が**覇権国家だった」という表現が適切なのか、はなはだ疑問です。

② 人口の急速な減少

ロシアがピークを過ぎている証拠の一つに、人口が急速に減少していたという事実があります。

この国の人口は二〇〇七年時点、「**年間七〇万人減少していた**」(**!**)のです。

大都市が毎年一つ消滅していた計算ですね。

現在は、政府の必死の働きかけ(つまり子育て支援金)により、持ち直しているようですが、「人工的措置をとらなければどんどん減っていく」のは、「成熟期」である証拠です。

③ 賃金上昇のスピード

中国・インドなどと比べて人口が少ないということは、両国比で賃金上昇のスピードが速いことを意味します。

一九九八年の金融危機直後、ロシアの平均月収は、中国とどっこいどっこいの約八〇ドルでした。

それが二〇〇七年時点、三〇〇〇ドルで約四倍になっていた。

ロシアの賃金水準は、その時点ですでに中国・インドより断然高く、外国企業にとって両国以上に魅力的になることはないであろうと。

また、賃金水準が高いので製造原価が高くなる。

つまり割高のロシア製品は中国製品に勝てない。

ロシアの製造業が二〇〇七年以降、中国のような発展を見せることはないだろうと。

以上三つの理由で、私は、「ロシアが超大国に返り咲くことはありえない！」と断言したのです。

私は、当時の予測は「正しかった」と思います。

もちろん、二〇〇七年から「何も変わっていない」というわけではありません。

たとえば、近年アメリカで起こった「シェール革命」は、「資源超大国ロシア」に大きな打撃を与えています。

いまのロシアはどうなっているか見てみましょう。

GDPは、二兆二一三五億ドルで世界八位。

一人当たりGDPは、一万四八一四ドルで、世界五一位。

平均月収は、一二三四ドル(約一二万円)。

二〇〇七年時点で、平均月収三〇〇ドルでしたから、その後四倍になり、かなり豊かになったことがわかります。

経済成長率を見ると、世界経済が最悪だった二〇〇九年はマイナス七・八％。

しかし、二〇一〇年からプラスに戻り四・五％、二〇一一年　四・三％、二〇一二年　三・四％、二〇一三年　一・二八％。

こう見ると、年平均七％成長していたプーチン大統領の第一期と二期(二〇〇〇〜〇八年)のパワーは、すでにありません。

「なぜか？」と聞かれれば、一つには「石油・ガス依存経済から脱却できなかったから」と答えられるでしょう。

しかし、まさに「『国家ライフサイクル』の原理どおり」と説明することもできるのです。

「国家のライフサイクル」から、アジア最後の大国、インドの近未来を予測する

こうやって「国家のライフサイクル」を適用してみると、いまはまだイケイケのふりをしている中国も、次第に「成熟期」に移行する運命にある。

そして、EUも、アメリカも、ロシアも、すべてライフサイクル上のピークを過ぎていることが簡単に理解できます。

そこで、いまもっとも成長が期待されているアジア最後の大国・インドの将来を、国家のライフサイクルから見てみたいと思います。

まず、いつもの問いです。

「インドのピークはいつだったのだろう？」

イギリスの植民地だったインドは、一九四七年八月一五日に独立しました。

しかし、「混乱期」が長くつづきます。

インドは、ともにイギリスから独立した隣国パキスタンや、中国との争いが絶えませんでした。

第一次インド・パキスタン戦争（一九四七〜四九年）、中国・インド国境紛争（一九五九〜六二年）、

第二次インド・パキスタン戦争（一九六五〜六六年）、第三次インド・パキスタン戦争（一九七一年）。思い出してください。

ある国が、「移行期（混乱期）」から「成長期」に入るためには、「政治の安定」「まともな経済政策」の二つが必要でしたね。

当然、こんな状況で「成長期」に入ることはできません。

ようやくインドに転機が訪れたのは一九九一年。

この国は、それまで「政治は民主主義」「経済は社会主義」でやってきた。

しかし、社会主義の総本山ソ連を見ても、社会主義経済は、資本主義に完敗していた。

中国は、賢い鄧小平が一九七八年に、（実質）「資本主義導入」を決めました。

インドは、それに一三年遅れて、ようやく「経済自由化」に踏み切ったのです。

現在「成長期前期」のインドは、近い将来、日本のGDPをはるかに超える

さて、いまインドは「成長期前期」にいるのか？

それとも、中国のように「成長期後期」に入っているのか？

まずこの国のGDPは二〇一三年、一兆九七二八億ドルで世界一〇位。

しかし、一人当たりGDPはどうでしょうか？

一五〇四ドルで、なんと世界一四四位(!)という低さ。

これは、中国(八四位、六七四七ドル)の約四・五分の一。

ロシア(五一位、一万四八一八ドル)の約一〇分の一。

日本(二四位、三万八四九一ドル)の約二五分の一。

常識的に考えると、インドはまだまだ「**成長期前期**」にいることがわかります。

この国の一人当たりGDPが、(それでも貧しい)いまの中国並みまで増加したと仮定します。

すると、インドのGDPは、約九兆ドルになり、日本を軽く超えてしまいます。

そして、インドの人口は、日本の約一〇倍、一二億一〇〇〇万人ですから、同国のGDPが将来日本を超えることは「必然」なのです。


「経済自由化(資本主義化)」に踏み切った一九九一年から、インドの「成長期」がはじまったとすれば、「国家のライフサイクル」上では、だいたい日本から四〇年、中国から一〇~一三年遅れていると見ることができます。

次にインドのGDP成長率を見てみます。

二〇〇四年　七・九二%、二〇〇五年　九・二九%、二〇〇六年　九・二六%、二〇〇七年九・八〇%、二〇〇八年　三・八九%。

これが「一〇〇年に一度の大不況」が起こるまでの経済成長率。

中国ほどではありませんが、すごいですね。

インドと中国のGDP成長率

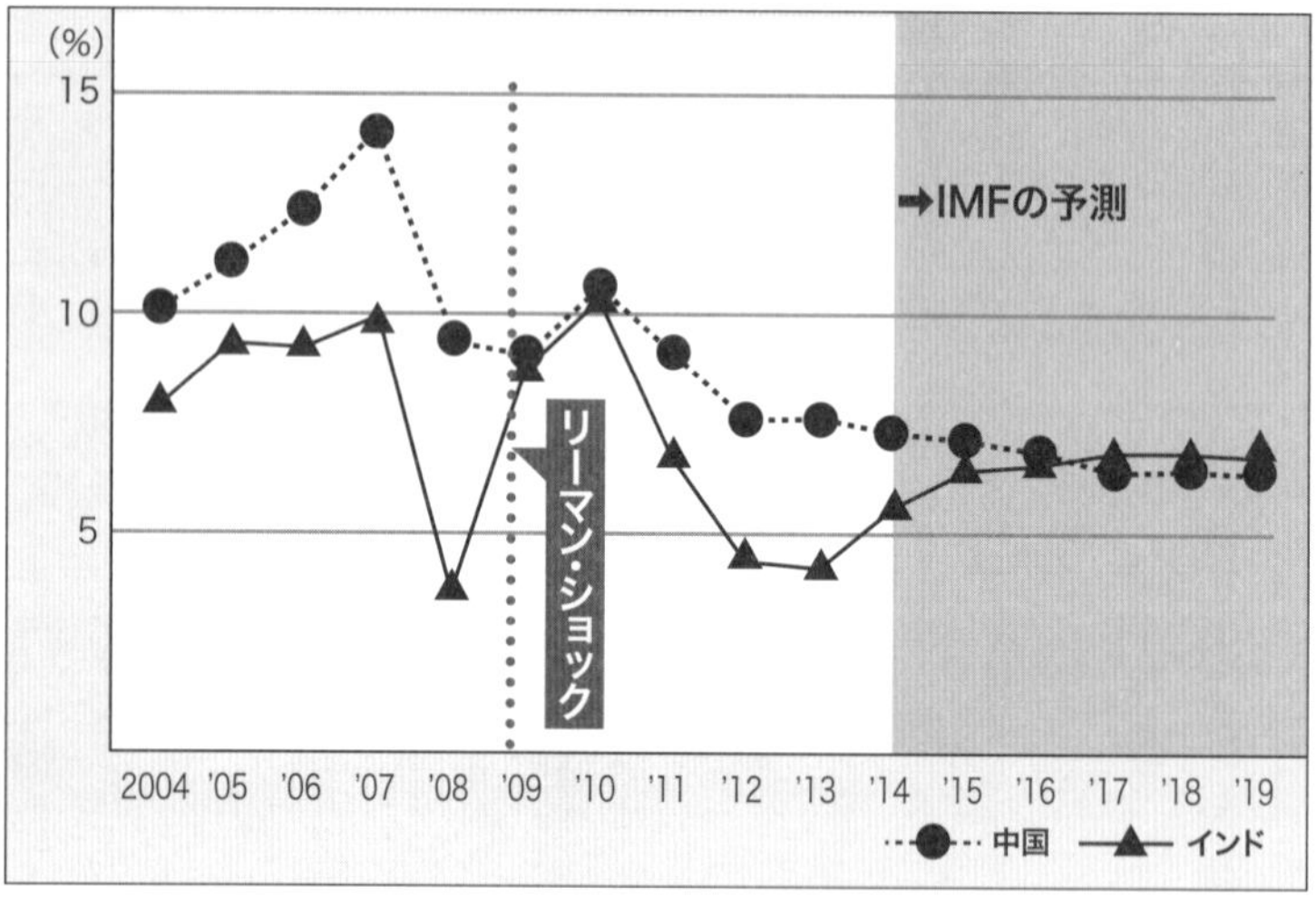

では、景気が最悪だった二〇〇九年のあたりは？

二〇〇九年　八・四八％、二〇一〇年　一〇・二六％。

なんと、「一〇〇年に一度の大不況ってなんですか？」という感じです。

世界的に二〇〇九年の世界経済は「中国一人勝ち」といわれていましたが、正しくは、「中印」の「**二人勝ち**」です。そして、

二〇一一年　六・六四％、二〇一二年　四・七四％、二〇一三年　五・〇二％。

ちなみにＩＭＦの予測では、（私がいう、いま「成長期後期」にある）中国の成長率は徐々に下がっていきます。

二〇一四年　七・三八％、二〇一五年　七・〇九％、二〇一六年　六・八四％、二〇一七年　六・六三％、二〇一八年　六・四二％、二〇一九年　六・三三％。

いっぽう、同じＩＭＦの予測では、インドの成長率は、なんと逆に徐々に上がっていきます。二〇一四年　五・六三%、二〇一五年　六・三五%、二〇一六年　六・四六%、二〇一七年　六・六三%、二〇一八年　六・七二%、二〇一九年　六・七二%。

こう見ると、ＩＭＦは、**「中国の成長率は、徐々に鈍化していく」「インドの成長率は徐々に高まっていく」**と見ていることがわかります。

若年人口が増え続けるインド経済は、安定して急成長していく

もう一つ、インドには、日欧中などに比べ、非常に有利な条件があることに触れておきます。

それが「人口ピラミッド」。

日欧が、だいたいどこでも「少子高齢化」「人口減少」問題で悩んでいることは、よく知られた事実。中国も、「一人っ子政策」の弊害で、この先、高齢化が「急速」に進みます。

インドには、そういう問題がありません。

インドの「人口ピラミッド」を見ると、高齢者が少なく、若者が多い、典型的な「ピラミッド型」になっている。

二〇〇〇年時点の中位年齢(平均年齢とは異なり、人口を年齢順に並べ、その真ん中で全人口を二等分したときの境界点にある年齢)は、二三歳。

二〇五〇年の時点でも、なんとまだ三八歳。

ちなみに総務省によると、日本の中位年齢は、一九五〇年時点で二二歳、二〇〇〇年　四一・五歳、二〇五〇年　五七歳です。

このデータを比較してわかることは、インドがまだまだ「成長期前期」にあること。そして、「高齢者」の増加に悩む日欧中とは異なり、生産年齢人口（一五〜六四歳）が安定的に増えていき、経済成長を促すと予想されることなのです。

各国の「国家ライフサイクル」から、日本の進むべき姿をつかめ

ここまで、日本の今後にとって重要な意味を持つ、「主役」「ライバル」「準主役」たちのライフサイクルを見てきましたが、ざっくりまとめてみます。

欧州＝成熟期　…………影響力は徐々に衰えていく。
アメリカ＝成熟期　……一〇〇年前のイギリスのように、影響力は徐々に衰えていく。
中国＝成長期後期　……二〇一八〜二〇二〇年ごろ、「日本のバブル崩壊」に匹敵する出来事が起こる可能性が高い。
そのとき、「共産党一党独裁体制」が崩壊する可能性もある。

成長率が鈍化すると、共産党の正統性が失われる。
中国政府は、国民の不満を外に転嫁するため、日本、ベトナム、フィリピン、アメリカなどに対し、さらにアグレッシブ(攻撃的)な対応をとっていくことが予想される。

ここまでで見ると、
アメリカは、衰退していく。
中国の栄華も長くない。
というわけで、いわゆる「米中二極時代」は長くつづかず、その後「多極時代」に向かっていく方向であることがわかります。つづいて、

ロシア＝成熟期　…………　資源依存型経済を転換することは難しく、将来は苦しい。
インド＝成長期前期　……　これから長期にわたる成長を実現し、いずれGDPで欧州のすべての国と日本を抜く。

主要国のこういうライフサイクル的大局から、日本の進む道を考えていくことができます。
① 欧米は、GDPの合計で、世界で四五％のシェアを誇っている。
② 軍事費では、アメリカ一国で世界総軍事費の四〇％を超えている。
③ (ここではじめて言及しますが、この世界を動かすもう一つ重要な要素である)「**情報戦**」

において、欧米は圧倒的な強さを誇っている（「情報戦」については後で詳述します）。

ホントかウソかは別として、欧米は、世界的に「人権を重んじる国々」といわれる。一方、中国やロシアは「人権無視国家」といわれます。

その点から、日本が欧米との関係を良好に保てば、日本は国際社会で「善なる国」でいることができます。

しかし、日本が欧米と対立すれば、とたんに「軍国主義復活！」のレッテルを貼られてしまいます（安倍総理のように）。

経済力、軍事力、プロパガンダ力、これらをトータルに考え、日本は欧米との関係を今後も重視していくべきです。

とはいえ、長期的に欧米の影響力は減退していく。

では、どうするか？

だれもが一番はじめに思い浮かべるのは、中国との関係改善でしょう。

しかし、日本と中国は領土問題を抱えています。

中国は尖閣ばかりでなく、「沖縄」も「固有の領土」と主張している。

もちろん仲良くするのがいいに決まっていますが、中国が「仲良くしたければ、尖閣・沖縄を差し出せ！」と脅している状況で、友好などありえません。

そこで出てくるのが、将来中国と並ぶ、経済・軍事大国になることが確実なインド。

しかも、インドは「共産党一党独裁国家」ではなく、日本と同じ「**民主主義国家**」。

そして、なによりも「**親日国**」。

日本は、欧米との友好関係を維持しつつ、インドとの関係をますます緊密にしていく。

それが**最善策である**ことは、「国家のライフサイクル論」から結論づけられるのです。

さらに、同じ親日国家ロシアとの関係も、良好に保つべきです。

この章の最後に、結論をいいます。

欧州・アメリカ・インド・ロシアとの関係をよく保てば、日本の未来は安泰である。

第二章　世界は自国の「国益」で動いている

日本人の知らない

Методология Кремля

クレムリン・メソッド

第4の原理　国益とは「金儲け」と「安全の確保」である

ここまで「世界を動かす諸原理」について書いてきました。

「国家のライフサイクル」など、人には動かせない「法則」があること、ご理解いただけたでしょう。

ここからは、もっと「**生々しい話**」に入っていきます。

実際に、**世界各国の外交政策はどのような動機で決められているのか?**

そして、なぜ一般の人々には、**大国の動機がほとんどわからないのか?**

この章を読むことで、あなたは、**すべてを理解することになる**でしょう。

その真実は「**卒倒もの**」かもしれませんが、**それを避けて通ることはできない**のです。

個人も企業も「金儲け」しなければサバイバルできないという現実

すみません。最初から「夢のない話」をします。

世の中には、子供がいます。

学業に励む学生さんがいます。

家事や子育てに励む専業主婦がいます。

すでに定年退職し、年金生活をしている人がいます。

その他の大部分の人は、なんらかの形で「仕事」をしています。

サラリーマンのかたは朝早く起き、夜遅くまで会社で熱心に仕事をされていることでしょう。

ところでみなさんは「**なぜ仕事をしているのですか？**」。

そう、「**お金を稼ぐため**」ですね？

「いや違う。俺は、『よりよい社会をつくるために』仕事をしているんだ！」

こういう回答も、もちろんありでしょう。

しかも、仕事をする動機としては、「しょせん金儲けさ！」と割り切っている人より、尊い。

しかしそんな人でも「よりよい社会をつくるために、**三年間は完全無給で奉仕してくれ！**」といわれて、同意するでしょうか？

大富豪の家に生まれ、働かなくても生きていける人なら、その可能性はあります。

しかし、普通そんなことはできないはずです。

独身でも難しいですが、奥さんや子供がいれば、まず不可能でしょう？

それとも、**自分は社会をよくするための尊い奉仕活動にいそしみ、嫁はんに金稼がせて、食べさせてもらいますか？**


私はいったい何をいいたいのか？

この世の中の大部分の人たちは、年がら年中、朝から晩まで、「**お金を稼ぐために奮闘している**」ということです。

そして、国というのは、ある面「**お金を稼ぐために奮闘している人たちの集まり**」ともいえる

（あくまで「ある面」です。念のため）。

これも「夢のない話」で恐縮ですが、国民の気分も、自分が「**お金をよく稼げているかどうか？**」**にとても左右される**のです。

ユダヤには、こんな格言があります。

「**体は心に依存し、心は『財布』に依存する**」

名言ですね。

もっと考えてみましょう。

日本では、一九九〇年のバブル崩壊から二〇一〇年までを「**暗黒の二〇年**」と呼びます。

なんで「暗黒の二〇年」？。

そう、「**景気が概して悪かったから**」でしょう？

国民は、「**金が儲かれば喜び**」「**金が儲からなくなれば悲しむ**」。

いいか悪いかは別として、これは「事実」です。

たとえば、アメリカの元大統領、クリントンさん。

このかたは、ホワイトハウス実習生の女性と不倫したことで、世界を仰天させました。

しかし、いまだにアメリカ国内で高い人気を誇っている。

米クイニピアック大学が二〇一四年六月に行った世論調査「戦後最良の大統領」によると、クリントン元大統領は、堂々二位につけています。

参考までに、一位は、冷戦を終結に導いたレーガン元大統領。

三位は、ケネディ元大統領という結果でした。

でも、クリントンさんはなぜそんなに人気が高いのか？

「清廉潔白《せいれんけっぱく》な人物だから」でないことは、間違いありません。

そう、彼が大統領だった時代、アメリカ経済は「ＩＴバブル」で、「空前絶後」と呼ばれる繁栄を謳歌していた。

当時、世界経済のなかで、アメリカはまさに「一人勝ち状態」にあった。

つまり、アメリカ国民の**「金儲け」がうまくいきやすかった。**

だから、いまだに人気が高いのです。


もう一つ、わかりやすい例を。

ロシアの大統領プーチンは、欧米では「独裁者！」「言論の自由を弾圧している！」「人権を侵害している！」と批判され、かなり評判が悪い。

しかし、ロシア人はなぜか彼を支持している。

理由はきわめて単純。

ロシアのＧＤＰは、ソ連が崩壊した一九九一年末から一九九八年まで、なんと四三％も減少した。

ところが、プーチンが首相になった一九九九年から、突如プラス成長に転換。

さらに彼が大統領になった二〇〇〇年から、二期目が終わった二〇〇八年まで、毎年平均七%の高い成長をつづけました。

結果、ソ連崩壊後、ボロボロになり、「このまま永遠に沈みつづけるか!?」と思われたロシア経済は奇跡的に復活。

ロシア国民の多くは、ソ連時代には夢にも思わなかった「豊かな生活」**(金のありあまる生活)**を享受できるようになった。

だから、「別に独裁でもいいよね~」ということなのです。

日本だって同じこと。

第二次安倍内閣は、特にその初期、とても支持率が高かった。

なぜ?

そう、「アベノミクスで金が儲かる個人や会社が増える」と思われたからです。

何がいいたいかというと、

国民の金儲けがうまくいけば、首相や大統領の支持率は高く、政権は安定する。

逆に、

国民の金儲けがうまくいかなくなると、首相や大統領の支持率は下がり、政権は不安定になる。

だから、うまくいくかいかないかは別として、どんな国でも、

「経済成長」(金儲け)が政権の最重要課題になる。

これがうまくいけば長期政権になり、失敗すれば短期で終わることが多い。

独裁国家の場合は？

独裁者が経済成長を実現できれば、強権を発動する必要性は減ります。

そのままで人気が高い。

しかし、独裁者がそれに失敗すれば、「恐怖政治による支配」が行われることになります。

北朝鮮がわかりやすい例ですね。

繰り返しますが、「**あらゆる国家にとって、経済成長(金儲け)こそが最重要課題**」なのです。


ところで、「**国の利益**」**のことを**「**国益**」といいます。

国益とはなんぞや？

こう問われると、「なんだか難しい話になってきたぞ」と感じるかもしれません。

でも、なんのことはない。

個人も会社も、国も変わらない。

「**利益をあげること**」、つまり、

金儲け＝国益

なのです。

もちろん、「金儲けが全部」とはいいません。

しかし、それが、「**とても大きな比率を占めている**」ことは、間違いありません。

つまり、「**世界は、あらゆる国の『国益＝金儲け』の利害関係で動いている**」のです。

そして、もう一つ覚えておいていただきたい重要なキーワードがあります。


外交は、内政の延長である。


これはどういうことでしょうか？

たとえば、ある国でエネルギーが足りないとしましょう。

国は、「エネルギー不足」という課題を抱えている。

大統領、首相はどうします？

そう、資源のある国に行って、「売ってください！」と要請することでしょう。

この場合、「エネルギー不足」という「内政上の課題」がある。

それを解決するために、「外交」を行うわけです。

わかりやすいですね。

他の例を。

たとえば、ある国が財政破綻した（内政）。

政府は、国際通貨基金（ＩＭＦ）や世界銀行に行って、「金貸してください！」と依頼します（外交)。

外交は、内政の延長である。

そして、内政の最重要課題は、「金儲け」である。

つまり、**「外交」の最重要課題の一つは、「金儲けだ！」**ということなのです。

わかりやすい例を一つあげておきましょう。

二〇一四年九月二日付産経新聞から。

〈インフラ輸出、首相牽引　トップセールスで受注額3倍　安倍晋三首相とインドのモディ首相との首脳会談では、新幹線技術の導入やレアアース(希土類)輸入など経済・投資分野が重要議題となったが、安倍首相や閣僚による〝トップセールス〟が牽引(けんいん)役となり、日本企業の海外インフラ受注額が急増している。

日本企業による平成25年の海外でのインフラ受注額は、前年比約3倍の約9兆2600億円。

この統計を基に外務省経済局がトップセールスの効果を分析したところ、首相が関わった案件が25件、閣僚が42件と分かった。〉

わが国の総理と閣僚のみなさんが、**セッセとお金儲けに励んでおられる**ことが理解できますね。

「平和憲法」だけでは「国と国民の安全」は守れない

「金儲け」が「国益」であることはわかりました。

では、「安全の確保」についてはどうでしょうか？

第一章で見たように、二一世紀に入ってからも、世界では絶え間なく戦争がつづいています。

だから、「安全の確保」は、国家にとって非常に重要な問題である。

日本人は、「金儲けのために外交する」という話があまり理解できません。

同時に、「安全の確保のために外交する」という意識も、ほとんどない。

とても特殊な国です。

なぜ日本人には、「安全確保のための外交」という感覚が欠如しているのか？

答えは、「**平和ボケ**」**しているから**ですね。

日本は、戦後約七〇年間、一度も戦争をしたことがない。

それで、「平和が当然」と思っている。

そして、もっと面白いことに、日本が平和でいられたのは、「**平和憲法があったから**」と信じている人がいます。

たくさんの人がこういう「**迷信**」を信じているのは、世界から見てとても不思議なことです。

「①『もう二度とケンカしません』と宣言し、②武器を持たず、③こちらから攻撃しなければ、④相手は絶対に攻めてこない」と。

そんな話が通用するのなら、世の中に「いじめ」なんて存在しません。

ジャイアンは、のび太が殴ってきたから、自衛のために殴り返しているのですか？

実際、のび太は、ほとんど理由もなくジャイアンに殴られ、それからドラえもんに助けを求める。

マンガやアニメの世界だけの話ではありません。

いじめが原因で自殺する子供が多い。

そんな身近なところにも「世界の縮図」は存在しているということです。

この広い世界でも同じこと。

たとえばイラクのフセインは、アメリカを攻めたから処刑されたのか？

リビアのカダフィは、アメリカを攻めたから殺されたのか？

中国は、一九五〇年のチベット侵攻から現在までに、虫も殺さぬチベット人を、一二〇万人以上殺したといわれています(インドにあるチベット亡命政府の発表)。

「平和を愛するチベット人」が虐殺されたのなら、「平和を愛する日本人」が殺されない理由はいったいなんでしょうか？

チベットの例を見れば、**「平和憲法があれば戦争は起こらない」**は**「完全な幻想」**であることがわかります。

日本国憲法前文には、こうあります。

〈**平和を愛する諸国民の公正と信義に信頼して、**われらの安全と生存を保持しようと決意した。〉

要するに「**他国はすべて公正で信義があるから、日本は何もしなくても安全だ**」といっているのです。

これ、あまりにもナイーブすぎると思いませんか？

残念ですが、

憲法は最初から間違っている。

いいえ、私もこれまでいろいろな国の人たちに会ってきましたが、確かにどんな国民も平和を愛し、戦争など望んでいないと思います。

しかし、ある国の為政者は、「戦争しても欲しいものをゲットする」と決意している場合がしばしばあるのです。

「平和憲法のおかげで七〇年間平和だったのではない」とすると、なぜ日本は実際にこれほど長期の平和を享受《きょうじゅ》できたのか⁇

そう、**日本は、世界最強の国家、アメリカと「安保条約」を結んでいるから**です。

だから、ソ連も手を出せず、最近まで中国も手を出せなかった。

アメリカがバックにいなければ、尖閣はとっくに中国のものになっていたはずです。

小国は自分の「安全」を確保するために大国にしがみつく

どんな国も、それぞれできる限り熱心に「金儲け」に励みます。

そして、その金の一部を「防衛費」(軍事費)に回し、せっせと軍隊を強くしていく。

金を儲け、軍隊を強くする。

これを昔の人は、「**富国強兵**」といいました。

そうやって、いつも「自国の安全を確保しよう」と試みている。

しかし、です。

小国の場合、どんなにがんばって金儲けをし、軍備を増強しても、大国にはおよばないことがしばしばある。

その場合、どうするか?

外交は、内政の延長である
といいました。

内政でがんばっても、自国の安全は確保できそうにない。

その場合、「**大国に接近して、守ってもらう**」しかなくなります。

イヤイヤやるか、積極的にやるかは別として、そうなるケースが圧倒的に多いのです。

たとえばロシアからの脅威におびえる東欧諸国や、旧ソ連バルト三国は、アメリカが主導する反ロシア軍事ブロックＮＡＴＯに加盟しました。

同じくロシアを恐れる旧ソ連諸国のウクライナやグルジアも、アメリカや欧州、ＮＡＴＯに接近しています。

中国と南シナ海で争っているフィリピンやベトナムは、アメリカに接近し、自分の国を守ってもらおうとしている。

これは、東シナ海で中国と対立する日本も同じこと(日本は小国ではありませんが)。

また、アメリカを恐れるシリアやイランは、ロシアや中国と友好関係を深めることで、アメリカとの戦争を回避しようとしています。

周囲を敵対的イスラム教国家に囲まれているユダヤ教国家イスラエル。

外交や強力なロビー活動を通して、アメリカを味方につけています。

このように、自分を守れない小国は、大国に引っつくことで、安全を確保しようとする。

そのために外交をするわけです。

大国は他の大国に勝ち、小国を支配するために小国を守る

では、大国は、なぜ他の大国から小国を守ろうとするのか？

もちろん「慈善事業」でとか、「正義心」からとか、弱いものいじめは許せないという「義憤《ぎふん》」からするわけではありません。

第一　大国は、他の大国に勝つために、小国を守る。

どんな競争でも戦争でも、「味方の数が多いほうが勝つ」確率が高い。

たとえば、第一次世界大戦。

勝った側の連合国は、フランス、イギリス、ロシア、イタリア、日本、アメリカ、ベルギー、ギリシャ、ポルトガル、ルーマニア、モンテネグロ、セルビア、タイ、英領インド、オーストラリア、カナダ、ニュージーランド、英領南アフリカ、中華民国、キューバ、ニカラグア、パナマ、ボリビア、ブラジル、エクアドル、グアテマラ、ハイチ、ホンジュラス、リベリア、ペルー、ウルグアイなど、それこそ「うじゃうじゃ」いる。

一方、負けた側の同盟国側は、ドイツ帝国、オーストリア＝ハンガリー帝国、オスマン帝国、ブルガリア王国と、たったの四か国。

結局、「主役」と「ライバル」の戦いでも、「準主役」やその他の国々がどっちに多くつくかがとても大事なのです。

第二　大国は小国を支配するために、小国を守る。

第一章でも触れましたが、ＥＵはＧＤＰでアメリカを凌駕している。

しかし、欧州諸国は、アメリカ中心の軍事ブロックＮＡＴＯに入っているせいで、「アメリカの支配から脱却できない現実」がある。

アメリカから見ると、「**ＮＡＴＯを通して、欧州を支配している**」ともいえます。

アメリカは日本を軍事的に守っている。

一方で、日本はＧＤＰ世界三位の大国でありながら、政治的には常にアメリカへの従属を強いられてきました。

このように、

小国は大国からの侵略を防ぐために他の大国に接近し、大国は自分のパワーを増大するために小国を守っている。

日本人の知らない

Методология Кремля

クレムリン・メソッド

第5の原理 「エネルギー」は「平和」より重要である

「エネルギー」なしには国家も個人も生き残れない

これは、「国益とは『金儲け』と『安全の確保』である」という第4の原理とも深く関わっています。

つまり、

「エネルギー源の確保」は、「金儲け」であり、「安全確保」でもある。

これから、きわめて「当たり前」のことをいいます。

ご自身のまわりをちょっと見回してみてください。

たとえば、私の目の前には、パソコンがあります。

「電気」がなければ動きません。

頭の上には蛍光灯が光っています。

「電気」がなければ動きません。

キッチンには、ガスコンロがあります。

「ガス」がなければ動きません。

居間には、テレビやDVDプレーヤーがあります。

「電気」がなければ動きません。

窓から外を見ると、車がたくさん走っています。

「ガソリン」がなければ走りません。

そう、私たちの全生活は、「**エネルギー**」と深く関わっています。

エネルギーがなければ、生活が成り立たない。

また、消費者であると同時に、労働者、生産者でもある私たちは、電気がなければ仕事もできません。

タクシーやレストラン、病院などもエネルギーがなければ、サービスできない。

そして、エネルギーがなければ企業は、製品を生産することもできない。つまり、

エネルギーがなければ、個人も企業も「金儲け」ができない。

さらに、自衛隊が、戦闘機を飛ばすことも、輸送機を飛ばすことも、ヘリを飛ばすことも、イージス艦を動かすことも、戦車を走らせることもできない。

つまり、

エネルギーがなければ、「国の安全」も守れない。

現代の世界は、エネルギーなしには何もかも成り立たないシステムなのです。

これが、「**第5の原理は、第4の原理と深く関わっている**」と書いた意味です。

このように、「**エネルギーがなければ、国家の存続も個人の生活も成り立たない**」という「事実」から、次の結論が導かれます。

たとえ戦争になったとしても、国家は、何がなんでもエネルギーを確保しなければならない。

「……そんなバカな。たかがエネルギーを確保するために人を殺すなんて!!」

おそらく、「平和ボケ」した日本人の多くがそう思うでしょう。

しかし、実は日本も、昔は「**エネルギーを確保するために、他国を攻撃していた**」のです。

日本が太平洋戦争を仕掛ける原因となった「**ABCD包囲網**」をご存知でしょう。

Aはアメリカ《America》、Bはイギリス《Britain》、Cは中国《China》、Dはオランダ《Dutch》の英語の頭文字を意味したもの。

これらの国々が一体化して、日本を「経済封鎖」した。

特に、日本にとって、アメリカの動きは重要でした。

この当時、日本の石油輸入依存度は九二％。

しかも、**八一％をアメリカに依存**していた。

そのアメリカが一九四一年八月、日本への石油輸出を禁止。

これで、日本は、深刻な「エネルギー不足」に陥った。

日本はどうしたか？

「アジアにあるイギリスとオランダの植民地を占領して石油を奪え！」と決断したのです。

日本が真珠湾を攻撃し、太平洋戦争をはじめたのは一九四一年一二月八日。

同月、日本は、イギリス支配下にあったボルネオ島北西部のミリ油田、セリア油田、ルトン製油所を制圧。

一九四二年一月には、セレベス島メナド、二月にはスマトラ島パレンバンの油田を支配下におさめます。

こうして、日本は、**「他国を攻めて石油を確保した」**のです。

いかがでしょう？

このように、日本がアメリカ、イギリスなど世界の大国と戦う決心をしたのは、**「石油（エネルギー）を止められたこと」が直接の原因だった**のです。

「……それは、そのとおりです。しかし、そんなこと、もう七〇年以上も前の話でしょう？　その後、人類は戦争の教訓から多くを学び、そんな野蛮なことはしなくなったはずです！」

あまいですね。

この世界には、**「石油、ガスを確保するためには、人殺しも躊躇《ちゅうちょ》しない人たち」**が、いまも存在しているのです。

「ふ、証拠を見るまで、そんなトンデモ話、信じませんよ！」

では、お見せしましょう。

アメリカによるイラク戦争、真の理由は「石油」の強奪である

第5の原理、「**『エネルギー』は『平和』より重要である**」について、いくつか実例をあげてみましょう。

まず、前著でも前々著でもとりあげた、「メチャクチャわかりやすい例」を。

こちらを熟読ください。

〈「**イラク開戦の動機は石油**」＝前FRB議長、回顧録で暴露

［ワシントン17日時事］18年間にわたって世界経済のかじ取りを担ったグリーンスパン前米連邦準備制度理事会（FRB）議長（81）が17日刊行の回顧録で、二〇〇三年春の**米軍によるイラク開戦の動機は石油利権だった**と暴露し、ブッシュ政権を慌てさせている。〉（時事通信二〇〇七年九月一七日）

「イラク戦争の公式理由、『フセインが大量破壊兵器を保有している』『アルカイダを支援している』は両方とも大ウソだった」という話です。

では、何が「真の理由」だったのか？

第13代 FRB議長アラン・グリーンスパン

ＦＲＢのグリーンスパン元議長が、**「米軍によるイラク開戦の動機は石油利権だった**と曝露」した。

これ、その辺の「トンデモ本著者」とか「陰謀論者」とは、重みが違いますね。

この記事、ものすごく面白いつづきがあります。（太線筆者）

〈米メディアによると、前議長は「イラク戦争はおおむね、**石油をめぐるものだった。**だが悲しいかな、**この誰もが知っている事実を認めることは政治的に不都合なのだ**」と断言している。ブッシュ政権は、当時のフセイン政権による大量破壊兵器計画阻止を大義名分に開戦に踏み切ったが、同兵器は存在しなかったことが後に判明。「石油資源確保が真の目的だった」とする見方は根強く語られてきた。〉（同前）

グリーンスパンさんにいわせると、**「イラク戦争の動機が石油利権だったこと」**は「**誰もが知っている事実**」**（！）**なのだそうです。

いってみれば、アメリカは、「**石油利権をゲットするためにイラクを攻撃し、フセイン政権を崩壊させた。ついでに最低一〇万人といわれる民間人を殺した**」。

世界経済の中心にいたグリーンスパンさんは、こう思っている。

七〇年前の日本の話ではない。たった十数年前に、そういうことが起こった。

これが「世界のほんとうの姿」です。

二〇一四年二月の「ウクライナ革命」は欧米の仕業か？

もっと新しい例も。

二〇一四年二月に起こった、ウクライナの革命。

これは「**欧米が画策した**」という説があります。

少なくとも、プーチンやロシア政府高官たちは、そう公言しています。

「動機」については、少し後で。

なにはともあれ、このウクライナ革命について、その経緯を振り返ってみましょう。

ウクライナは旧ソ連国。ソ連が崩壊した一九九一年に独立した国です。

しかし、その当時から現在まで、政治も経済も安定していません。

理由は、ウクライナの「**位置**」にあります。

ウクライナの東には、大国ロシアがいる。

そして、西はポーランドに接する。

ヨーロッパにおけるウクライナの位置

つまり、EUがある。

ソ連が崩壊したあと、「アメリカと西欧諸国は、『ロシアが二度と反抗できないようにしてやろう！』と決意した」とロシアは見ています。

どうやって？

二つの道具、すなわち、反ロシア軍事ブロックNATOとEUを東に拡大することで、ロシアの勢力圏を徐々に奪っていった。

そして、NATOとEUはついに旧ソ連諸国のバルト三国を加盟させ、ロシアの西隣に接するウクライナまで迫ってきました。

欧米は、その勢力圏をさらに東に伸ばしたい。

いっぽうロシアは、ウクライナでNATOとEUの拡大を阻止したい。

そのため、ウクライナは、**欧米の影響力の強い西部と、ロシアが強い東部にわかれて争いがつづ**いてきたのです。

二〇〇四年一一月、ウクライナの大統領選挙で親ロシア派のヤヌコビッチ(当時首相)が勝利しました。

しかし、「不正選挙」を非難する大規模デモが起こったため、ヤヌコビッチは再選挙に同意。

結果、親欧米派のユシチェンコ(当時元首相)が逆転勝利しました。

これを、「オレンジ革命」と呼びます。

その後のウクライナの政治動向について、日本ではあまり知られていません。

ウクライナ第４代大統領ヴィクトル・ヤヌコビッチ(左)と同第３代大統領ヴィクトル・ユシチェンコ(右)

実をいうと、二〇一〇年の大統領選挙では、親ロシア派のヤヌコビッチが「前回の借り」を返して勝利。念願の大統領に就任したのです。

もちろん、プーチンは大喜びでした。

しかしその後、大統領になったヤヌコビッチは、ロシアと欧米の間を「行ったり来たり」しはじめます。そしてヤヌコビッチは、とうとうEUとの関係を強化する貿易・政治協定(いわゆる欧州連合協定)に調印することを宣言しました。

ところが二〇一三年一一月、「事件」が起こります。

ヤヌコビッチはその協定の調印を「ドタキャン」し、EUを驚かせたのです。

直後、プーチンはウクライナに一五〇億ドルの支援と天然ガス価格の値下げを約束しました。

要するに、ヤヌコビッチは、**プーチンに口説かれて(脅されて)変心した**のでしょう。

これに、親ＥＵ派のウクライナ国民(主に西部の国民)が激怒。首都キエフで大規模なデモが起こった。

二〇一四年二月二二日、身の危険を感じたヤヌコビッチは、キエフを脱出し、ロシアに逃亡。

「革命」によって、親欧米の新政権が誕生しました。

これに怒ったのが、プーチンです。

彼は、「ウクライナ国民の民意で革命が起こった」とは、一％も思っていない。

そして、二〇一四年三月一八日、ウクライナの「クリミア共和国」と「セヴァストポリ市」を「サクッと」ロシアに併合し、世界を驚愕させます。

このときのプーチンの大演説のなかで、プーチンは、「クリミア併合」の動機を語っています。

これは、朝日新聞のモスクワ特派員(当時)の関根記者の翻訳があり、(二〇一四年八月時点で)一般人も読むことができます(http://togetter.com/li/644258)。

そして、ウクライナ革命について。

〈「実際、このような政治家たちや権力の中枢にいる人たちを支援する**外国スポンサー**たちがそのようなもくろみを主導した。」〉

「**外国スポンサーたち**」とは、もちろんアメリカと欧州のことを指しています。

さらにプーチンは、欧米は他国には「国際法に従うこと」を強要し、一方で自分たちは「国際法」を守らず、「力を行使した」ことを指摘しています。

〈「国家の主権に対して武力を使い、同盟を組むのが常套手段だ。我々に賛同しないものは、我々の敵だとみなす。攻撃を合法だと装い、国際機関の必要な決議を破り、さまざまな理由で都合が悪くなれば、国連、安保理をすべて無視する。

ユーゴスラビアでもそうだった。1999年のことをよく覚えている。自分でも目の当たりにしたが、信じられなかった。欧州の偉大な都市の一つであるベオグラードが数週間のうちに空爆で破壊されたのだ。そしてその後、本当の武力介入が始まったのだ。

果たして安保理決議は、ユーゴスラビアのこの問題について、こんな風に解決しようという内容だったか？

そんなわけはない。そしてアフガニスタン。イラク。リビアではあからさまに国連安保理決議に違反した。飛行禁止区域を守る代わりに空爆が始まったのだ。」〉

このように、プーチンの意見では、「欧米は国際法を破りまくっている！」のだそうです。

そして、ウクライナは？

〈「同じようなシナリオがウクライナでもあった。2004年の大統領選で必要な候補を押しつぶすため、法的には規定されていない3回目の決選投票が行われた（筆者注：オレンジ革命のこと）。憲法に照らせば、ナンセンスであり、お笑いぐさだ。そして今、用意周到に武装した人たちが投入された。」〉

プーチンによると、二〇〇四年「オレンジ大規模デモ」は、欧米がやった。

そして、今回二〇一四年のデモも「欧米が用意周到に投入」した。

〈「我々は根拠を持って次のように推察する。すなわちロシアを抑制しようとする悪名高い政策は、18世紀、19世紀、20世紀にわたって続いてきた。そして今も続いている。

我々は常に追い込まれている。その理由は、我々が独立した立場を取り、それを守り、率直に言い、偽善者ぶらないからだ。しかし、我々の我慢にも限度がある。ウクライナのケースでは、**欧米は一線を越え、乱暴で無責任でプロ意識のないことをやった。**」〉

ここでプーチンは、「欧米による『ロシア封じ込め政策』は、一八世紀から現在に至るまでつづいている」と断言しています。

そして、「ウクライナ革命」は、明白に「**欧米がやった**」（＝乱暴で無責任でプロ意識のないこと）と主張しているのです。

ウクライナ革命、アメリカの狙いはウクライナの「資源独占」か？

ここまでの話だけでも、日本人には「かなりびっくり」でしょう。

ウクライナ革命の動機についてプーチンは、「ロシア封じ込め政策の一環」としています。

しかし、ロシアではもう一つ、「アメリカが**ウクライナの資源独占を狙った**」という話が「定説」になっています。

私は、「アメリカの狙いは資源か？」と「？」マークをわざわざつけました。

理由は、残念ながら日本語の資料がなく、「間接証拠」しか提示できないからです。

しかし、興味深い話なので、書いておきます。

出所は、ロシア国営テレビ「ＲＴＲ《エル・テー・エル》」の人気番組「ヴェスティ・ニデーリ（週刊ニュース）」（二〇一四年五月一八日放送）です（二〇一四年八月時点、ＹｏｕＴｕｂｅで映像を見ることができます。ただしロシア語です。http://www.youtube.com/watch?v=EyM7-UmjCyY）。

この番組、研究者の間では、「クレムリンのプロパガンダマシーン」と呼ばれていて、もちろん丸ごと信じるわけにはいきません。

しかし、これからお話しする件は、私自身が「事実であること」を確認しています。

なんの話か？

司会のキシリョフさんは、バイデン副大統領の次男ハンター・バイデンが「ウクライナに出張した」といいます。

「ハンター・バイデンってだれだ!?」ですね。

だれでも入手できる情報源として、バイデン副大統領をウィキペディアで検索してみましょう。

そこには、こうあります。

〈ロバート・ハンター・バイデン：次男（１９７０年）。

現在はロビイングを手がける事務所オルデイカー・バイデン&ブレアＬＬＰの共同設立者ならびにアムトラックの経営委員会の副議長を務める。〉

お父さんは副大統領、さぞかし「**ロビイング**」（**ロビー活動**）**もうまくいくことでしょう。**

キシリョフさんはつづけます。

「バイデン副大統領の次男が、ウクライナで**シェールガス採掘権を取得している企業ＢＵＲＩＳＭＡ**に出張した」

ＢＵＲＩＳＭＡ《ブリスマ》？

日本人にはまったく聞き慣れない名前です。

しかし、いまの時代、どこの会社もインターネットにホームページ（以下、ＨＰ）を持っていますから、日本人でも確認することができます(http://burisma.com/)。

私は、この番組を見て、即座にＨＰを調べたのですが、「おお！」という感じでした。
ありました。

そして、即座に画像をパソコンに保存しました。

そこには、**「ハンター・バイデンがＢＵＲＩＳＭＡの取締役に就任した」**旨《むね》のプレスリリースがあったのです。

残念ながらいまは削除されていますが、ＢＵＲＩＳＭＡのＨＰを見れば、いまだにハンター・バイデンさんの存在を確認できるでしょう。

キシリョフさんは、アメリカ合衆国副大統領の息子が、ウクライナのシェールガス利権の最中枢に入り込んだ件について、こんなコメントをします。

アメリカ合衆国第47代副大統領ジョー・バイデン（右）とBURISMA取締役に就任した息子のハンター・バイデン（左）

〈パパ（バイデン副大統領）は、政治的保護を与え、息子は、現場に行く。

アメリカはウクライナ人に、「民主主義の重要性」を説きながら、本音は、「資源」を狙っている。

アメリカは、資源のために戦うが、「自分で戦うこと」は「流行」ではない。

戦いは、「原住民」（ウクライナ人）にやらせよう。〉

つづいて番組では、「ウクライナのどこに石油・天然ガスがあるのか？」が映し出されました。

西部、カルパトスカヤ。

東部、ユゾフスカヤ。

南部、プリチェルノモルスコークリムスカヤ。

ウクライナ西部は、当時から親欧米新政権が掌握していたので、問題ない。

しかし、アメリカの「ウクライナ資源利権独占」を妨げていたのが、同国からの独立を宣言した、いわゆる「親ロシア派」の存在でした。

番組が放送された二〇一四年五月一八日当時、戦闘が行われていたのは、スラヴャンスク、クラマトルスク、ドネツク、マリウポリ。

これらの諸都市には、いずれも油田・ガス田が存在している。

つまり、ロシア国営テレビは、「**アメリカは、ウクライナの石油・ガス利権を狙って、革命を起こした**」と見ているわけです。

日本では、「トンデモ系」「陰謀論」的見解ですが、私たちは、少なくとも「**バイデン副大統領の次男が、ちゃっかりBURISMAの取締役に就任した**」ことは確認できます。

私は、「事実だけを見ましょう」と書きました。

ハンター・バイデンさんが、BURISMAの取締役に就任したのは、「事実」。

「アメリカが、そのために革命を起こしたのかどうか？」は、証拠がありません。

みなさんは、どう解釈しますか？

グルジア革命は、「石油ルート」をめぐる米ロの争いだった

二〇一四年の「ウクライナ革命」とは違い、比較的多くの証拠がそろっているのが〇三年の「グルジア革命」（通称バラ革命）です。

まず革命の概要から説明しましょう。

二〇〇三年一一月二日、グルジアでは議会選挙が行われました。

そして、シェワルナゼ大統領（当時）の与党「新しいグルジア」が勝った。

すると、野党は、「選挙に不正があった！」と大々的なデモを開始。

結局、野党勢力は一一月二二日、議会を力で占拠。

大統領を辞任に追い込むことに成功しました。

シェワルナゼ大統領（当時）は、「革命の背後に世界的投資家ジョージ・ソロスや外国（アメリカ）の情報機関がいた」と

ウクライナの石油・天然ガス分布と紛争地区

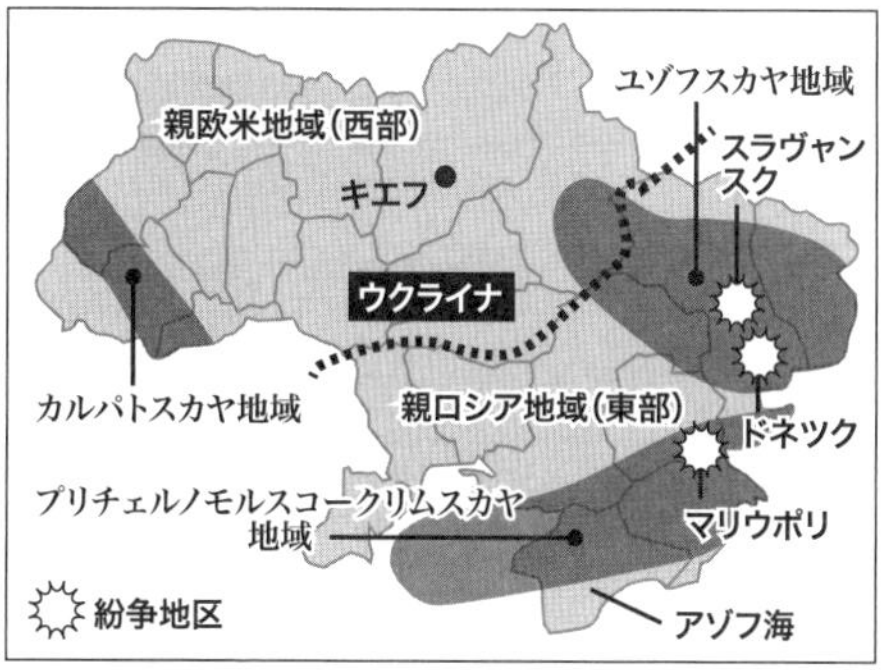

（ロシア国営テレビ「RTR」の番組“Вести недели”の資料をもとに作成）

断言しています。

〈**グルジア政変の陰にソロス氏？＝シェワルナゼ前大統領が主張**

グルジアのシェワルナゼ前大統領は、一一月三〇日放映のロシア公共テレビの討論番組に参加し、**グルジアの政変が米国の著名な投資家、ジョージ・ソロス氏によって仕組まれたと名指しで非難した。**ソロス氏は、旧ソ連諸国各地に民主化支援の財団を設置、シェワルナゼ前政権に対しても批判を繰り返していた。〉（時事通信二〇〇三年一二月一日）

「民主化支援財団」を通して、「革命の準備をしていた」というのです。

もう一つ。

二〇〇三年一一月二九日付朝日新聞。

〈「**混乱の背景に外国情報機関**」シェワルナゼ前大統領と会見

野党勢力の大規模デモで辞任に追い込まれたグルジアのシェワルナゼ前大統領は28日、首都トビリシ市内の私邸で朝日新聞記者らと会見した。**大統領は混乱の背景に外国の情報機関がからんでいたとの見方を示し、**グルジア情勢が不安定化を増すことに懸念を表明した。〉

外国の情報機関とは、もちろんアメリカの情報機関のことです。

では、なぜアメリカは、グルジアで革命を起こしたのでしょうか？

この政変は、**アメリカとロシアの「石油ルート」をめぐる争い**だったのです。

コーカサスの石油大国アゼルバイジャンの原油は、同国とロシアの黒海沿岸都市ノボロシースクを結ぶパイプラインを通して世界市場に供給されていました。

これが気に食わないアメリカは、「アゼルバイジャンの原油を、ロシアを通さず世界市場に出す」プロジェクトを計画します。

具体的には、アゼルバイジャンの首都バクーから、西の隣国グルジアの首都トビリシを経由し、トルコのジェイハンに抜けるパイプライン（**BTCパイプライン**）をつくる。

二〇〇三年四月から、建設が開始されました。

BTCは、**「アゼルバイジャンの原油をロシアを通過せず世界市場に出す」**ことが目的。

これは、**ロシアの国益に反しています。**

「国益に反する」とは、トランジット料（原油通過料）がロシアに入らなくなること。アゼルバイジャン、グルジア（つまりコーカサス地域）に対するロシアの政治的影響力が減退するなどです。

プーチンが、「BTC阻止」に動いたのは当然でした。

とはいえ、ロシアはアゼルバイジャンを下手にいじめることができません。

いじめれば、さらにアメリカに接近してしまう。

BTCパイプライン

そこでプーチンは、アゼルバイジャンの隣国、パイプラインが通過するグルジアに圧力をかけることにしたのです。

旧ソ連国のグルジアは、アゼルバイジャン同様、一九九一年にソ連から独立しました。

既述のように当時の大統領は、シェワルナゼ。

グルジア大統領になっても、ソ連時代同様、親米路線をつづけていました。

では、ロシアは、どのようにしてグルジアに圧力をかけたのか？

グルジアには、同国からの独立を目指す、アブハジア、南オセチア共和国という地域があります。

ロシアはこれらの共和国を支援することで、グルジアの政情を不安定化させていったのです。

「政治リスクが高まれば、出資者が集まらず、ＢＴＣプロジェクト実現は困難になっていくだろう」という読みでした。

ロシアのいじめは、ＢＴＣ構想が実現に近づくほど厳しくなっていきました。

グルジアは、ロシアにガス・電力などを依存している。

ロシアは同国への供給を制限し、経済に大打撃を与えます。

このいじめは、老シェワルナゼ（一九二八年生まれ、二〇〇三年当時七五歳）に大変なストレスを与えた。

そして、「もうロシアに屈服したほうが、楽な老後を暮らせそうだ」と悩みはじめました。

一方アメリカは、「このじいさんはもうダメだ。もう少し若くてエネルギッシュな男（革命の結果、大統領になった当時三六歳のサアカシビリ氏）を傀儡《かいらい》大統領にしよう」と決意したのです。

こんな背景で、「バラ革命」は起こった。

「石油ルートをめぐる米ロの争い」と書いた意味がご理解いただけたことでしょう。

この革命が「石油ルートがらみ」であることは、日本の新聞にも出ています。

〈国務省のバウチャー報道官は二十五日の会見で、グルジアへ三百万ドル相当の医療物資を支援し、公正な選挙実施などについて暫定政権と協議するため、代表団を来週にも派遣すると表明。

「**グルジアの石油パイプライン**をめぐっては、暫定政権も方針を変えないとみている」と強調した。

報道官が言及したパイプラインとは、**カスピ海の石油をトルコ経由で欧州方面に輸出する「BTCライン」と呼ばれるもので、グルジアを通過する。**

米国が一九九九年にグルジア、トルコ、アゼルバイジャンとの間で建設に合意し、来年の完成を目指している。

カスピ海の石油は、**中東の石油に対する依存率を下げたい米国にとってエネルギー戦略上極めて重**

要だ。）（産経新聞二〇〇三年一一月二七日）

ちなみに、前述のウクライナは、**ロシアと欧州を結ぶ「ガスパイプライン」が通っていること**で知られています。

ずばり「石油・ガス利権」だけでなく、「ガスルート」も絡んでいるのです。

さて、その後、グルジアはどうなったのか？

二〇〇三年一一月に起こった「バラ革命」直後の二〇〇四年一月、大統領選挙でサアカシビリが勝利。

ロシアの旧植民地グルジアに、アメリカ念願の傀儡政権が誕生しました。

この傀儡大統領サアカシビリは二〇〇八年八月、ロシアと戦争して大敗。

ロシアは、アブハジアと南オセチアを、「独立国家」と承認しました。

サアカシビリ時代、グルジアは、事実上二つの共和国を失う結果になったのです。

そして、彼は二〇一三年に任期を終え、現在はギオルギ・マルグヴェラシヴィリが大統領になっています。

大統領は代わりましたが、グルジアの親欧米路線は継承されました。

新政権も、ＥＵおよびＮＡＴＯへの加盟を目指しています。

なおＢＴＣパイプラインは、二〇〇六年六月から稼働しはじめ、いまもロシアに打撃を与えつづけています。

リビア戦争(二〇一一年)は英仏の「石油利権」確保が原因だった

そろそろ、「エネルギー利権」は、しばしば革命、戦争の理由になること、ご理解いただけたでしょうか?

例の最後に、比較的最近の事件、**リビア戦争**をあげておきましょう。

二〇一一年は、「アラブの春」と呼ばれる現象が起こりました。

中東や北アフリカの独裁国家で、次々と革命が起こったのです。

まず一月一四日、チュニジアを二三年支配したベンアリ大統領が、革命により失脚。

エジプトでは二月一一日、統治三〇年におよんだムバラク政権が打倒されました。

ついで、二月一五日、四二年間カダフィ政権がつづくリビアで、反政府デモがはじまります。

デモは全土に拡大し、どんどん大規模になっていきました。

三月三日には、第二の都市ベンガジで、カダフィ政権に代わる暫定政権「国民評議会」がつくられます。

以後、リビアは二つの政権が並存することになり、「カダフィ政権」と「国民評議会政権」による「内戦」状態に突入することになります。

リビア・アラブ共和国元最高指導者ムアンマル・アル＝カダフィ

欧米は、「国民評議会」への支持を明確にします。

三月二日には、欧州委員会のバローゾ委員長が、三月三日にはオバマが、カダフィの退陣を求めました。

三月一一日、フランスのサルコジ大統領が、リビアへの空爆を主張。

以後フランスは、イギリスとともに「リビア攻撃」を主導するようになっていきます。

なぜ、「アメリカではなくフランス、イギリスなのか？」について、読売新聞。

〈米国は軍事行動の統合指令を担っているが、自らの役割を「限定的」としている。
積極介入する仏英には、**リビアの石油利権確保という国益**に加え、国際的な復権という思惑がある。〉（読売新聞二〇一〇年三月二一日）

また、「**石油利権**」。

ちなみに、BP《ビー・ピー》（イギリスのエネルギー関連企業。国際石油資本で、スーパーメジャーと呼ばれる六社のうちの一社）のデータによると、リビアの原油埋蔵量は世界九位。といっても、よくわかりませんが、ロシアが八位といえば少しイメージできますね。

リビアは世界九位、「**アフリカ最大の**」**石油大国**なのです。

そして、リビアの一人当たりGDPは二〇一三年、一万一〇六三ドル。

世界六三位となっています。

六三位といってもピンと来ないかもしれませんが、中国は同年、六七四七ドルですから、リビアはそれよりかなり豊かだということです。

そして、同じく二〇一一年に革命が起こったチュニジアは四三四五ドルで、リビアの二・五分の一。エジプトは三二二五ドルで、リビアの三・四三分の一。

つまりリビアは、「アラブの春」が起こった他国と比べ、ダントツで豊かだった。

確かにカダフィは、四〇年以上も政権の座にあった独裁者で、問題の多い男でした。

一方で国民は、「俺たちはアフリカの他国より豊かだ」と知っていた。

米英仏が介入しなければ、カダフィが内戦に勝利した可能性もあったのです。

さて、国連安保理は三月一七日、リビアへの武力行使を容認する決議案を採択し、「リビア攻撃」にお墨付きを与えます。

これで、カダフィの敗北は、「時間の問題」になりました。

八月二四日、カダフィ政権は崩壊。

一〇月二〇日にはカダフィが群衆にリンチされ、殺害される衝撃的映像が世界に流れました。

自国の「石油枯渇」の恐怖から、アメリカは闇雲な「資源強奪」に向かった

ここまで、「エネルギー利権」と「革命」「戦争」の例を見てきました。

イラク、ウクライナ、グルジア、リビア。

すべての例に、アメリカが関わっています。

私は、別にアメリカを批判したいわけではありません。

いつもアメリカが顔を出すのは、要するに「**アメリカに力があるから**」なのです。

ちなみに、中国は現在、南シナ海の領土をめぐってフィリピン、ベトナムと争っています。

そして、尖閣をめぐって日本と争っています。

これも、「資源がらみ」と考えられます。

尖閣については、国連の海洋調査（一九六九〜七〇年）で、（尖閣の近海に）「イラクの埋蔵量に匹敵する原油があるかもしれない」と報告された。

中国は調査の翌年の七一年から「尖閣はわが国固有の領土だ！」と主張しはじめました。

あまりに露骨で、笑いたくなりますが、笑い事ではありませんね。

また、ベトナム、フィリピンが中国と争っている「南シナ海」について。


〈中国の狙いの一つは、海洋権益の確保だ。

中国側は南シナ海の資源埋蔵量を石油が367億8千万トン、天然ガスは7兆5500億立方メートルと推計、「第2のペルシャ湾」と期待している。〉（産経ニュース二〇一四年五月九日）

ところで、アメリカはなぜここまで「アグレッシブ」に「エネルギー確保」に動くのか??

答えは、アメリカの「原油枯渇」が近づいているからです。

いえ、正確にいえば、**「近づいていると思われていたから」**。

米エネルギー情報局(EIA)のデータによると、同国の原油生産量は二〇〇九年、一日当たり九一四万バレル。

これは、ロシア(九九三万バレル)、サウジアラビア(九七六万バレル)についで、世界三位でした。

「アメリカは石油大国」というのは、事実なのです。

しかし、問題はここからです。

同局のデータでは、アメリカの原油確認埋蔵量は二〇一〇年、一九一億バレルで世界一四位。

このテンポで生産をつづけていくと、二〇一**六年ごろに枯渇する**計算でした。

もちろんこのような見通しは、ずっと前からありました。

ブッシュが二〇〇一年に大統領になったとき、当然、関係当局から「**わが国の石油は、十数年後に枯渇します！**」**と報告を受けた**ことでしょう。

第5の原理の冒頭、みなさんに「エネルギーがないとどんなことが起こるか？」をイメージしてもらいました。

「一般市民の日常生活」「経済活動(金儲け)」「国の安全確保」、つまり「国家の存続」自体が脅かされることになる。

日本が、それで戦争（第二次世界大戦）に突進していったことからもわかるように、これは国家の超大問題。

アメリカの上層部は当然、「**世界のエネルギー資源を何がなんでも確保しなければ！**」と決意したことでしょう。

「**わが国の石油がなくなる！**」**という恐怖**が、ブッシュ政権を突き動かしたと考えられます（もちろん、ブッシュ政権のバックに石油業界がいたことも大きいでしょう）。

アメリカのリーダーたちは当然、「**世界の原油埋蔵量の六五％以上を占める中東支配をゆるぎないものにすべきだ**」と考えたことでしょう。

そして、「プロパガンダ」でアメリカ国民と世界をだましながら、原油埋蔵量世界五位で反米のイラク・フセイン政権を打倒した。

その後も、アメリカは一貫して、原油埋蔵量世界四位、天然ガス埋蔵量世界一位のイランと、その弟分のシリアをバッシングしつづけました。

さらに、アメリカ（具体的には、エクソンモービルとシェブロンテキサコ）は二〇〇二～〇三年にかけて、当時ロシアの石油最大手だった「ユコス」の買収を目指していました（結果的には、プーチンが、ユコス社長・ホドルコフスキーを脱税・横領などの罪で逮捕させ、買収話は流れた）。

さらにアメリカは、旧ソ連諸国の資源大国カザフスタンやアゼルバイジャンに接近した。

また、既述のようにグルジアで革命を起こし、親米・反ロの傀儡政権をつくった。

このようにアメリカは、「自国の石油が枯渇する」という「恐怖」に突き動かされて、必死で「資源確保」に動いてきた。

しかし、**アメリカの恐怖を消し去る、一大事件**が起こったのです。

シェール革命によって、アメリカの「資源枯渇恐怖症」はなくなった？

アメリカ上層部の「恐怖」を「消し去る事件」とは、みなさんもおそらく聞いたことがある「**シェール革命**」です。

まず、「**シェール革命とはなんぞや？**」という話から。

「シェール革命」は、「**シェールガス**」と「**シェールオイル**」にわけられます。

シェールガスとは、従来のガス田よりもずっと地下深く（地下二〜三㎞）にある、「シェール層」（頁岩《けつがん》層）に閉じ込められている天然ガスのことです。

同じ層からとれる石油を「シェールオイル」といいます。

その存在は以前から知られていましたが、取り出しが技術的に困難だったため、長い間手つかずのまま放置されていました。

しかし、二一世紀になってから一気に技術革新が進み、採算のあう商業生産が可能になってきたのです。

ＥＩＡのデータによると、二〇一三年、シェールガスの埋蔵量は、一**位中国・一一一五兆立方フィート**、二位アルゼンチン・八〇二兆立方フィート、三位アルジェリア・七〇七兆立方フィート、**四位アメリカ・六六五兆立方フィート**、五位カナダ・五七三兆立方フィート、六位メキシコ・五四五兆立方フィート、七位オーストラリア・四三七兆立方フィート、八位南アフリカ・三九〇兆立方フィート、九位ロシア・二八五兆立方フィート、一〇位ブラジル・二四五兆立方フィート。

「中国がダントツ一位かい！」と思いますね。

しかし、技術的理由で、シェールガス生産の九九％は、北米(アメリカ、カナダ)で行われています(二〇一四年時点)。

ちなみに、シェール革命によってアメリカは二〇〇九年、それまで長年トップだったロシアを抜き、天然ガス生産で**世界**一に躍り出ました。

ロシアは大きな衝撃を受けたことでしょう。

ＥＩＡの発表によると、シェールガスの世界総埋蔵量は七二九九兆立方フィート。

これまでの、いわゆる在来型天然ガスの埋蔵量が六六〇〇兆立方フィート。

ということは、シェールガス生産が可能になったことで、世界の天然ガスの埋蔵量が、一気に「倍以上」に増えたことになる。

世界のシェールガス埋蔵量ランキングTOP10

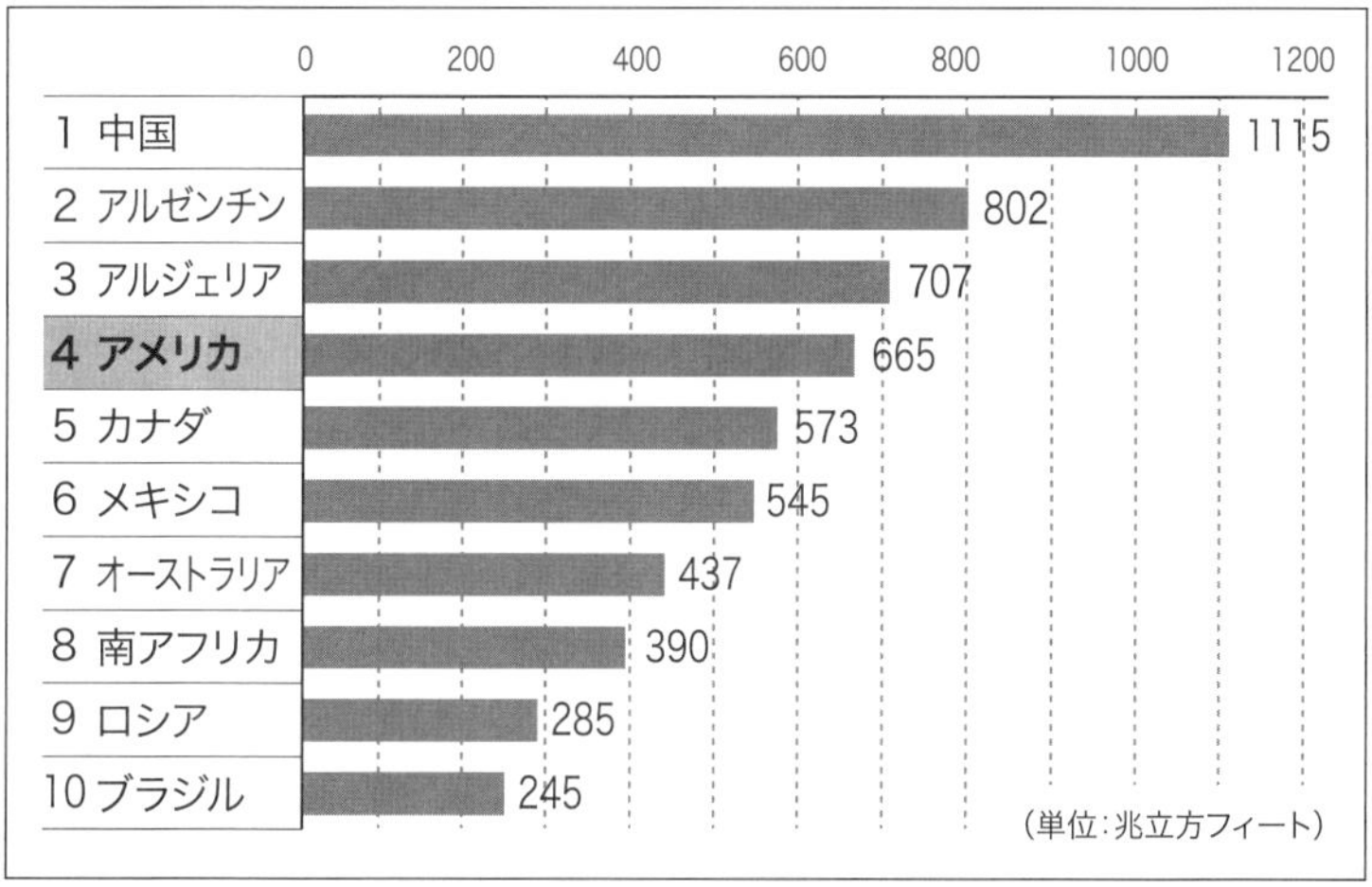

（米エネルギー情報局［EIA］2013年度資料より作成）

これで、天然ガスは「今後少なくとも一五〇年以上枯渇する恐れはない」といわれるようになりました。

いっぽう、EIAのデータによると、世界のシェールオイルの可採《かさい》埋蔵量（経済的、技術的に採収可能な量）は、推定三四五〇億バレル。

これで、世界の原油資源は、一一％増えたそうです。

ちなみに「シェールオイル」のおかげで、**アメリカは近々世界一の産油国になる**と予想されています。

アメリカはなんと、**世界一の石油・ガス生産国になる**見通しなのです。

「シェール革命」で、アメリカにとっての「中東の重要度」は下がる

「シェール革命」のインパクトの本質とは何か？

「二〇〇〇**年代と、**二〇一〇**年代では、まったく違う時代、違う世界になっている**」ということです。

「何」が違うのか？

二〇〇〇年代、世界はまだ、「**来るべきエネルギー不足**」**に恐怖**していた。

それで、「**資源確保のための革命や戦争**」が頻繁に起きていた。

ところが、二〇一〇年代に入り、「シェール革命」が起こったことで、人類は、「**エネルギーがありあまる時代**」に突入したのです。

とすると、いったいどんな変化が起こるのか？

まず、現在「シェール革命」を主導しているアメリカに、シェールガスもシェールオイルも「たっぷりある」ことが重要です。

アメリカはなぜ、これまで「中東」にこだわってきたのか？

そう、「そこに石油、ガスがあるから」でした。

しかし、「**自国にありあまるエネルギーがあり、石油もガスも全部自給できるばかりか、輸出もできる**」となったらどうでしょうか？

当然、アメリカにとって、**中東の重要度が下がる**ことでしょう。

オバマ大統領は二〇一一年一一月一七日、オーストラリア議会で演説しました。

この演説の要点は、ブッシュ政権から引き継いだアフガン、イラク戦争にケリをつけ、**戦略の重点を「アジアにシフトする」**ということでした。

近い将来、「エネルギー価格」が下がり、エネルギー資源国の経済が悪化する？

これはもちろん、ライバル中国が台頭してきたこともあるでしょう。

しかし、「シェール革命」で**「中東の重要性が減りつつあること」**とも関係しているでしょう。

オバマは二〇一三年八月、シリア軍が反体制派に「化学兵器を使った」ことを理由に、同国を「攻撃する！」と宣言しました。

ところが翌月、戦争を「ドタキャン」し、世界を仰天させます(これについては、後述します)。

それればかりか、オバマ政権は、シリアの背後にいるイランとの和解に動きはじめました。

ブッシュは、原油埋蔵量世界四位、天然ガス埋蔵量世界一位のイランを、常にバッシングし、何度も戦争一歩手前までいった。

ところが、今回アメリカは、本格的に和解に動き出したようです。

これも、シェール革命で、**「中東の重要性が減りつつあること」**と関係あるのでしょう。

シェール革命、世界への影響について考えてみましょう。

「エネルギーがありあまるほどあるようになる」、つまり供給量が激増する。

すると、何が起こるか？

常識的に考えると、**「エネルギー価格が下がる」**ことが予想されます。

「シェール革命」の中心地アメリカでは、すでにガスが欧州の三分の一、日本の五分の一という激安水準になっています。

アメリカは今後、シェールガスをどんどん輸出するでしょうから、ガス価格が世界的に下がっていく可能性が高い。

さらに、ガス価格の下落にひきずられて、原油価格も下がっていくと予想されます。

すると、何が起こるか？

これまで原油輸出で潤《うるお》ってきた「産油国」の経済が厳しくなります。

主なところでいえば、中東諸国(サウジアラビア、アラブ首長国連邦、カタール、イラク、クウェートなど)、ロシア、ベネズエラなど。

ロシアに関しては、すでに「シェール革命」の「悪影響」が出はじめています。

ロシアの天然ガス輸出の約七割は、欧州向け。

しかし、世界的にガス価格が下がったので、欧州は中東カタールからの輸入を増やしました。

それを盾に、欧州はロシアに、さらなるガス価格の値下げを要求しています。

困ったロシアは、中国をはじめとするアジア諸国への輸出を増やそうとしている。

ここ数年、プーチンが日本との友好を強調しているのは、そんな裏事情もあるのです。

つまり、日本に「ロシア産ガス」をもっと買ってほしい。

日本は現在、原発停止と円安でエネルギー輸入費が増え、「貿易赤字」が深刻な問題です。

しかし、エネルギー価格は今後下がっていくでしょうから、政府がしっかりガス輸出国と交渉すれば、いまより何割か安い価格で輸入することが可能になるでしょう。

そうなると、日本国内の電気・ガス料金やガソリン代が安くなると予想されます。

ちなみに、「シェール革命」には、「ダークサイド」もあります。

地下二〜三kmまで穴をどんどん掘り、そこに大量の水と化学物質を入れることから、深刻な「水質汚染」が懸念されています。

しかも、シェール革命で、「地震の回数が激増する」という恐ろしい説もあります。

もう一つ、「シェールガス、シェールオイルがアメリカにたっぷりあるのなら、なぜ同国は、ウクライナのシェール利権を狙っているのだろうか？」という疑問も出ますね。

まず、この件について、私は「確証」はないと書きました。

それに、国内にたくさん資源があっても、他国の利権を独占できれば、儲かっていいですね。

ただ、「シェール革命」の「前」と「後」では、「資源独占」への「切実度」に大きな差が出るということです。

日本人の知らない

第6の原理「基軸通貨」を握るものが世界を制す

Методология Кремля

クレムリン・メソッド

「世界最大の赤字国家」アメリカは、なぜ破産しないのか

第2の原理は、「**世界の歴史は『覇権争奪』の繰り返しである**」でした。

そして、現在の世界の「**主役**」**はアメリカであり、「ライバル」は中国**である。

そう、**いまも、**「主役」と「ライバル」の「覇権争奪戦」は行われているのですね。

「覇権争奪戦」というと、武器を使った「戦争」をイメージする人が多いでしょう。

しかし、実をいうと、実際の戦争の前に、さまざまな形で別の「戦争」が行われます。

たとえば、「**情報戦**」。

あるいは、「**経済戦**」(これらについては、後述します)。

さて、現在も「覇権争奪戦」はつづいている。

それは、「軍事的衝突」とは別の形で起こっている。

どんな?

アメリカから覇権を奪いたい「ライバル」や「準主役」たちは、なんとか、アメリカの「弱点」を見つけようとします。

では、アメリカの「弱点」とは何か?

これについては、私の過去の本で何回も触れました。

しかし、これは「世界のほんとうの姿」を知るうえで、きわめて重要なポイントですので、あえて重ねて説明します。

みなさん、

アメリカは、「世界最大の貿易赤字国」「世界最大の財政赤字国」「世界最大の対外債務国」

であると聞いたことがあるでしょうか？

昔よく使われた用語に、アメリカ「双子の赤字問題」というのがあります。

「双子」とは、膨大なアメリカの「財政赤字」と「経常赤字」のこと。

「経常赤字」とは、「貿易収支＋サービス収支＋所得収支」が赤字であるという意味です。

アメリカは世界最大の「貿易赤字国」であるだけでなく、世界最大の「経常赤字国」でもある。

しかし、ここでは、話をわかりやすくするために、「貿易赤字」の話を中心にします。

ちなみに、日本は、ここ数年「貿易赤字国」ですが、「所得収支の黒字」でなんとか、「経常黒字」を保っています。

しかし現状がつづくと、近い将来「経常赤字国」に転落することでしょう。

アメリカは、一九六四年から現在まで、五〇年間（！）も「**財政赤字**」をつづけています（ＩＴバブルで税収が激増した一九九八年から四年間だけは、例外的に黒字を達成）。

参考までにリーマン・ショックがあった二〇〇八年以降の財政赤字を見てみましょう（イメージしやすいよう、一ドル＝一〇〇円での円換算も記しておきます）。

アメリカ「３大赤字」の推移

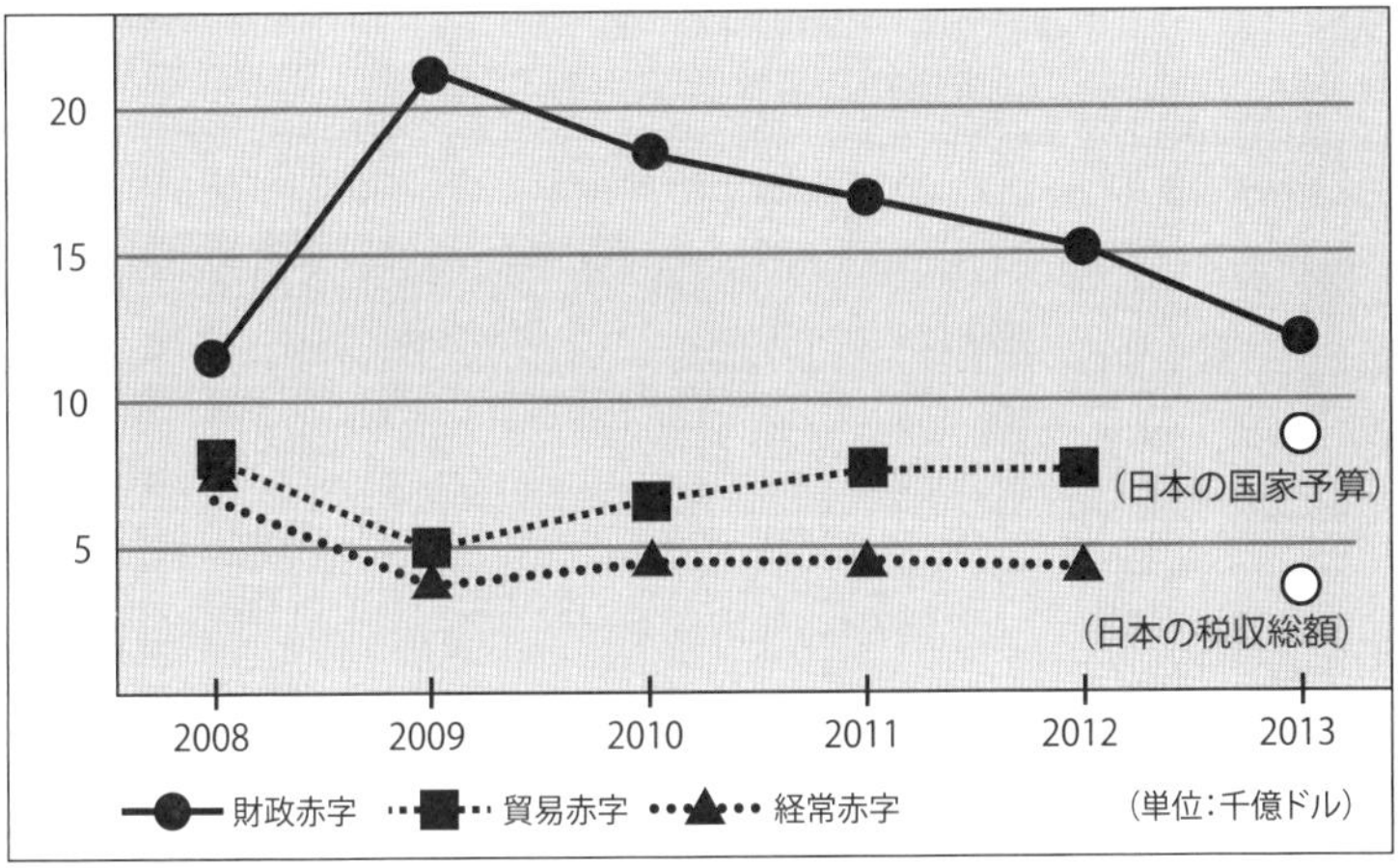

二〇〇八年…一兆一四九九億ドル（約一一五兆円！）
二〇〇九年…二兆一二二一億ドル（約二一二兆円！）
二〇一〇年…一兆八七五四億ドル（約一八七兆円！）
二〇一一年…一兆七一三九億ドル（約一七一兆円！）
二〇一二年…一兆五七一二億ドル（約一五七兆円！）
二〇一三年…一兆二三二八億ドル（約一二三兆円！）

（参考までに、日本の国家予算は二〇一三年度九二兆六〇〇〇億円でした。アメリカの財政赤字はそれより多い！）

「**貿易赤字**」も、一九八一年から現在まで、三〇年以上（！）つづいています。

二〇〇八年…八三三九億ドル（約八三兆円！）
二〇〇九年…五一〇五億ドル（約五一兆円！）
二〇一〇年…六五〇一億ドル（約六五兆円！）
二〇一一年…七四四一億ドル（約七四兆円！）

二〇一二年…七四一四億ドル（約七四兆円！）

（参考までに、日本の税収は二〇一三年度、四三兆円でした）

では、「**経常赤字**」（＝貿易収支＋サービス収支＋所得収支）は？

二〇〇八年…六八一三億ドル（約六八兆円！）
二〇〇九年…三八一六億ドル（約三八兆円！）
二〇一〇年…四四九四億ドル（約四五兆円！）
二〇一一年…四五七七億ドル（約四六兆円！）
二〇一二年…四四〇四億ドル（約四四兆円！）

次にアメリカ政府の「**総債務残高**」（借金の総額）を見てみましょう。

ＩＭＦのデータによると二〇一四年四月時点で、一**八兆五二七〇億ドル（日本円で約一八五二兆円！）**。

（参考までに、これは、日本の二〇一三年度国家予算九二兆六〇〇〇億円の、約二〇倍です）

米国債の外国保有額（つまり対外債務）を見ると、二〇一四年六月時点で、**六兆一三一億ドル（日本円で約六〇〇兆円！）**。

ちなみに同月、米国債保有額一位は中国で、一兆二六八四億ドル。

二位は、わが日本で、一兆二一九五億ドル。

ドルが「基軸通貨」でいられることが、アメリカのすべてを支えている

それにしても、どうしてアメリカだけは、こうして**「世界最大の貿易赤字国」「世界最大の財政赤字国」「世界最大の対外債務国」**でありつづけることができるのか？

一つ目の理由は、**「ドルが還流している」**こと。

これは、一度アメリカから出ていったドルが、再びアメリカにかえってくることを意味します。

どうやって？

まず、アメリカは貿易赤字超大国。

たとえば、日米貿易収支は二〇一三年、日本が六兆一一三四億円の黒字になっています（アメリカは、同額の赤字）。

つまり、その分アメリカからドルが日本国内に入ってきた。

ところが、そのドルは、日本国内にとどまらず、アメリカに戻っていく、還流するわけです。

なぜ？

①アメリカの高金利政策

ここ数年、アメリカでも低金利が続いていますが、リーマン・ショックによる今回の世界経済危機がはじまるまで、アメリカは常に日本より高金利でした。

もし日本の金利がゼロで、アメリカが五%であれば、日本の銀行にお金を置いておくより、ドルで、アメリカの銀行に預けたほうが、より高い利息がついて儲かります。

だから日本人は、ドルを買って、それをアメリカの銀行に預ける。

つまり、貿易赤字で日本に来たドルを、またアメリカに戻すわけです。

「アメリカの銀行にドルで持っていたほうが儲かる」という理由で。

②アメリカ国債

日本、中国を筆頭に、世界中の国々が、世界でもっとも信用のある(あった?)アメリカ国債を買っています。

たとえば、中国は、対アメリカで莫大な貿易黒字を計上している。

そして、米中貿易はドルで行われるため、中国側にどんどんドルが増えてしまいます。

しかし、中国は、そのドルでアメリカ国債を買い、ドルをアメリカに戻して(還流させる)いるのです。

③アメリカ株

もっともいい例は、一九九〇年代後半。

ＩＴバブルが起こった九五年から二〇〇〇年一月まで、ダウ（米主要業種の代表的な三〇の優良銘柄で構成される平均株価指数。日本の日経平均株価指数のようなもの）は三九〇〇ドルから一万一九〇〇ドルまで、五年間で三〇〇％も上昇しました。

ナスダック（アメリカにある世界最大のベンチャー企業向け株式市場）の株価は、同じ時期に五倍になっています。

貿易赤字超大国アメリカからドルはどんどん外国に出ていく。

しかし、みなが「アメリカ株を買う」ために、自国通貨を売ってドルを買う。

そのドルを売って、アメリカ企業の株を買う。

この過程で、一度出ていったドルが、アメリカに戻ってきます（還流）。

アメリカが破産しないもう一つの理由は、「**ドルが基軸通貨**」だから。

通貨の上がり下がりは、商品と同じで需要と供給で決まります。

普通、貿易赤字の国では、自国通貨の需要が外貨需要よりも少なく、どんどん下がっていきます。

これはどういうことか？

貿易赤字というのは、国として、買い（輸入）が売り（輸出）よりも多い状態です。

そして、普通の国は、自国通貨で物を買う（輸入する）ことができない。

まず、自国通貨を売って貿易決済に使える外貨(しばしばドル)を買わなければならない。

ところが、この国は貿易赤字国で、買い(輸入)が売り(輸出)より多い。

それで恒常的に、自国通貨をドンドン売り、外貨をドンドン買わざるをえない。

外貨をドンドン買う、つまり、外貨の需要が増えているということですから、外貨はドンドン高くなります。その一方で、自国通貨はドンドン売られ、需要がないということですから、ドンドン下がっていくのです。

しかし、「基軸通貨」である「ドル」の需要は常に世界中にあります。

では、どんな需要?

① アメリカと他国(世界共通)の貿易決済通貨として

たとえばアメリカとロシア、アメリカと中国が貿易をするとき、理論的にはルーブルや人民元で取引をしてもいいはずですね。ところがそんな話は聞きません。

ロシア企業がアメリカ製品を輸入する(買う)とき、いったんルーブルでドルを買い、その後、ドルで支払いをする。

ロシア企業がアメリカに何かを輸出する(売る)とき、その代金はルーブルではなく、ドルで受け取る。

②　他国と他国の貿易決済通貨として

たとえば、日本が中東から石油を買う。

その取引に、アメリカはまったく関係ありません。

ところが、どういうわけか、その支払いに使う通貨は、円でも中東の通貨でもありません。

日本の会社はまずいったんドルを買い、そのドルで石油の代金を支払う。

③　外貨準備として

世界の国々の中央銀行が、外貨を保有することを「外貨準備」といいます。

そして、その額のことを、「外貨準備高」といいます。

ちなみに日本の外貨準備高は二〇一三年、一兆二六六八億ドル(約一二六兆円)で、世界二位でした。

そして、世界中の中央銀行が、外貨準備として「ドル」を保有しています。

④　世界中の民間人がドルを保有している

これは、なかなか日本人にはわかりにくいですね。

しかし、事実として経済が不安定で、自国通貨が信用できない発展途上国の人たちは、自国通貨ではなく、ドルを貯めていることがよくあります。ロシアも一〇年ぐらい前まで、そうでした。

このようにドルは世界共通通貨なので、アメリカ自身が膨大な貿易赤字を抱えていても、これまでその価値は非常に緩やかに下げてきました。

これを、ドルと円の関係で見てみましょう。

一九七一年まで、一ドルは三六〇円の「固定相場」。

ところが、この年の八月一五日、ニクソンは「金とドルの兌換《だかん》停止」を宣言します(ニクソン・ショック)。

そして、一九七三年二月からは「円」が「変動相場制」に移行。

その結果、一九八〇年代の半ばまでに、ドルは一ドル＝二五〇円まで下がってしまいました。

それでも、しんどくなり、一九八五年九月の「プラザ合意」。

円はこの後一ドル＝一二〇円まで上がり、その後上下しながら一九九五年には一ドル＝八〇円まで上がっています。

しかしその後は、クリントンの「ドル高・株高政策」により世界中の資金がアメリカに集中。

ドルは上下しながら、二〇一四年初には、一ドル＝一〇〇円付近をウロウロしていました。

このように、ドルの価値は一九七一年から二〇一四年の四三年間に、対円で約三・六分の一にまで下がったのです。

まとめると、

長期的には、アメリカの膨大な貿易赤字により、ドルは下がり続けていく。

いかに「ドルが還流している」とはいえ、またいかに「基軸通貨」とはいえ、ドルを世界中にばらまき続ければ価値は下がっていく。

しかし、ドルがいまだに「基軸通貨」の地位を保ち続けているがゆえに、その下落過程は緩やかなのです。

かつてのクリントンのように「ドル還流」を効果的に行えれば、資金がアメリカに集中し、ドル高になることもある、となります。

「基軸通貨」を握ることが、なぜそれほど重要なのか

次に、「基軸通貨(ドル)の特権」について考えてみましょう。

マサチューセッツ工科大学のレスター・サロー教授は、ドルについてこう語っておられます。

〈もしドルが基軸通貨でなくなればアメリカはこんなに巨額の貿易赤字を抱えてはおれない。基軸通貨は貿易決済に使われる。

他の国なら赤字分はドルを借りて支払わなければならないがアメリカは必要なだけドル紙幣を印刷すればよかった。

しかし基軸通貨でなくなればそうはいかない。〉

これはどういうことでしょうか？

恒常的に貿易赤字の国（特に貿易赤字だけでなく、経常赤字の国）の通貨は、既述の理由でドンドン下がっていきます。

自国通貨安が進み、輸入品の値段は上がり、インフレに襲われます。

国も普通、自国通貨の暴落を手をこまねいて見ているわけではありません。

外貨準備を投入し、自国通貨買い、外貨売りをしかけます。

しかし、問題の根源は、「恒常的貿易赤字」にあるので、いつまでも介入をつづけるわけにもいきません。

やがて、外貨準備もなくなってしまいます。

そして、外国から外貨で借金をしている場合、返済することができず、「デフォルト」（債務不履行）になることもある。

ところが、アメリカは、貿易赤字超大国（経常赤字超大国でもある）でありながら、こういう困った状態には陥りません。

レスター・サロー教授は、**「他の国なら赤字分はドルを借りて支払わなければならないがアメリカは必要なだけドル紙幣を印刷すればよかった」**と表現しています。

そう、他の国は、外貨を買うなり、借りるなりして、貿易相手国に支払わなければならない。

しかし、「世界共通通貨」の発行権を持つアメリカは、外貨を買う必要はなく、「**ドルを印刷して相手国に渡す**」だけでいいのです。

すごいことですね。


さて、私たちは、「アメリカの弱点」の話をしていました。

それはなんでしょうか？

確かに、ドルは現在「基軸通貨」であります。

しかし、それは、「国際法」で決められているわけではない。

理論的には、ドルが基軸通貨のポジションから転げ落ちる可能性もある。

ちなみに、ドルの前の基軸通貨は、英ポンドでしたが、第一次世界大戦後から徐々に米ドルにとってかわられました。

では、ドルが基軸通貨でなくなると、どうなるの？

輸入品の支払いをドルでできなくなる。ドルを売って（貿易決済に使われる）外貨を買い、支払わなければならなくなる。すると、アメリカは、普通の貿易赤字大国となり、ごく普通の恒常的貿易赤字国と同じ危機に陥ります。

ですから、理論的にアメリカを没落させる方法は簡単なのです。

ドルを基軸通貨の地位から引きずり下ろせばいい。

どうやって?

これも簡単。

ドルの使用量を減らし、他の通貨で決済するようにしてしまえばいい。

ちなみに、このことは、世界の上層部では「常識的な」話です。

しかし、私たちは、「そんなことできるの!?」と思いますね。

これを、実際に「やっちゃった人たち」がいるのです。

(ここまでの説明で納得できなかった人は、前著『プーチン最後の聖戦』でさらに詳述していますので、そちらをご一読ください)

「ドル基軸通貨体制」を揺るがすための通貨、「ユーロ」の誕生

一九九一年一二月、ソ連が崩壊し、「冷戦時代」すなわち「米ソ二極時代」が終わりました。

そして、「アメリカ一極時代」が訪れた。
しかし、「**アメリカに反逆したい勢力**」はすぐ現れたのです。
それは、意外にも「**欧州**」でした。
一五〇〇～一九〇〇年代はじめまで、世界を支配していた欧州。
第二次世界大戦後は、アメリカが西欧を、ソ連が東欧を事実上統治することになった。
これは誇り高き欧州(特に西欧の)エリートにとって、耐えがたい屈辱だったのです。
しかし、冷戦中はアメリカに逆らえません。
逆らえば、ソ連が西欧を「共産化」してしまう。
それで、じっと屈辱に耐えていました。
ところが、「冷戦が終わった」。
これは、西欧にとって二つのことを意味していました。

①　**全世界に、もはや西欧にとっての脅威は存在しない**
②　**脅威がないのだから、アメリカに支配されつづける理由はない**

欧州エリートたちは、「もう一度、**アメリカから覇権を取り戻そう!**」と大きな野望を抱くようになったのです。

しかし、欧州の、たとえばドイツ、フランス、イタリア、スペインなどが一国で覇権を取るというのは、あまりにも現実離れしています。
では、どうするか？　そう、

欧州を統合し、巨大な一つの国家にしてしまえば、アメリカから覇権を奪えるだろう。

フランスの著名な経済学者で、一九八一〜九一年まで大統領補佐官をつとめたジャック・アタリはいいます。

「通貨統合・政治の統一・東欧やトルコへの(EC)拡大。これらが実現できれば、**欧州は二一世紀アメリカをしのぐ大国になれるだろう**」

反対にいえば、「**アメリカをしのぐ大国になるために、EUを東欧に拡大し、『共通通貨』をつくるのだ**」ともいえますね。

そして、一九九九年一月一日。欧州通貨統合がスタートしました。

ユーロの誕生です。

当時、参加一一か国の人口は二億九〇〇〇万人、GDPは六兆三〇〇〇億ドル。
いっぽう、アメリカの人口は二億七〇〇〇万人、GDPは七兆八〇〇〇億ドル。

ついに、ドル体制を崩壊させる可能性のある「通貨」が登場したのです。

「石油」の決済通貨を、ドルからユーロに変えようと企んだシラクとフセイン

欧州共通通貨を目指すユーロが誕生しました。

しかし、仮に全EU諸国がユーロ圏に入ったとしても、それだけでは、しょせん「地域通貨」にすぎません。

「世界共通通貨・ドル」には遠くおよばないでしょう。

しかし二〇〇〇年、「**裏世界史**」**的大事件**が起こります。

それを起こしたのが、イラクの独裁者サダム・フセインでした。

フセインは二〇〇〇年九月二四日、「**石油代金として今後一切ドルを受け取らない！**」と宣言します。

では、何で受け取るのか？

おわかりですね。

ユーロ。

実は、フセインをそそのかしたのは、ユーロを「基軸通貨」にし、アメリカから欧州に覇権を取り戻したいフランスの**シラク大統領(当時)**。

イラクは、湾岸戦争後、経済制裁下にあり、石油は国連経由でしか売れませんでした。

評判の悪い独裁者フセインが、一人で国連を動かせるわけがない。

しかし、そこでフランスが国連を動かし、フセインの要求は二〇〇〇年一〇月三〇日に受け入れられることになります。


ドルでしか買えなかった石油が、ユーロでも買えるようになる。


この出来事は、アメリカの支配者たちを「卒倒」させました。

もし、ドミノ現象が起き、「石油はユーロで取引」がスタンダードになれば？

ドルは「基軸通貨」ではなくなり、アメリカ没落は不可避になります。

アメリカがイラクを攻撃した理由。

アメリカがイラクを攻めた公式理由、「フセインは大量破壊兵器を保有している」「アルカイダを支援している」は大ウソでした。

繰り返しになりますが、この二つの理由が「大ウソ」だったことは、アメリカ自身も認めています。

〈**米上院報告書、イラク開戦前の機密情報を全面否定**
［ワシントン＝貞広貴志］米上院情報特別委員会は八日、イラク戦争の開戦前に米政府が持っていたフセイン政権の大量破壊兵器計画や、国際テロ組織アル・カーイダとの関係についての情報を検

証した報告書を発表した。〉（読売新聞二〇〇六年九月九日）
〈報告書は『**フセイン政権が（アル・カーイダ指導者）ウサマ・ビンラーディンと関係を築こうとした証拠はない**』**と断定、大量破壊兵器計画についても、少なくとも一九九六年以降、存在しなかったと結論付けた。**〉（同前）

公式理由が「ウソ」だったのはわかりましたが、では本当の理由はなんだったのか？

その一つとして、グリーンスパンが、「**石油利権確保**」であることは「**誰もが知っている事実**」と語っていることを紹介しました。

しかし、「**ドル体制防衛**」**も**一因と考えていいようです。

こういう場合、「唯一の答え」を求める必要はないのです。

できれば、一つのアクションで、「一石一鳥」ではなく、「二鳥」「三鳥」と落としたい。

だから、「石油利権」もゲットし、同時に「ドル体制を防衛」できれば、（アメリカからすると）こんなすばらしいことはないのです。

ちなみにこの事実、新聞にもきちんと載っています。

たとえば二〇〇六年四月一七日付の毎日新聞。

〈イラクの**旧フセイン政権は**〇〇**年一一月に石油取引をドルからユーロに転換した。**
国連の人道支援「石油と食料の交換」計画もユーロで実施された。

米国は〇三年のイラク戦争後、石油取引をドルに戻した経緯がある。〉

フランスのシラクさんとイラクのフセインさんは、**「アメリカ幕府打倒の狼煙《のろし》」**をあげたのです。

アメリカは、フセインの暴挙を見逃すことができず、なんやかやと理由をつけて、「イラク攻撃」を開始しようとします。

これに反対したのが、シラクのフランス。

そして、フランスとともに「アメリカから覇権を奪い、欧州に再び覇権を」と夢見たシュレイダー首相のドイツ、プーチンのロシア、そして中国でした。

この四か国のうち、フランス、ロシア、中国は、国連安保理で「拒否権」を持つ常任理事国です。

結果、アメリカは、イラク戦争の「お墨付き」を安保理から得ることができず、第一章でも触れたように「国際法に違反して」攻撃を開始しました。

アメリカの権威は大きく損なわれましたが、ほかにどうすることができたでしょう？

「ドル体制防衛」は、アメリカにとって「死活問題」なのですから。

さて、アメリカは、イラクを攻撃し、同国の原油決済通貨をユーロからドルに戻しました。

これで、「ドル体制」は再び磐石《ばんじゃく》になったのか？

これが、ならなかった。

「雨後《うご》のタケノコ」のように、後から後から「**反逆者**」が出てきたのです。

プーチン、ロシア産資源の決済通貨をドルからルーブルに変更

イラク戦争がはじまる直前、アメリカ一極支配に反対する勢力であるフランス、ドイツ、ロシア、中国の緩やかな連合が形成されていました。

これを、「**多極主義陣営**」と呼びます。

この運動をはじめたのは、ドイツ、フランスを中心とする欧州でした。

しかし、欧州の「多極主義」は、その後衰えます。

主な理由は、シュレイダー首相が二〇〇五年、シラク大統領が二〇〇七年にそれぞれ辞任したことです。

ロシア連邦第4代大統領
ウラジーミル・プーチン

シラクの後を継いだサルコジ大統領は、「バリバリの親米派」。

「欧州多極主義」が衰退する大きな原因になりました。

さて、多極主義運動の中心は、二〇〇五年ごろからロシア、中国に移っていきます。

プーチン・ロシアは二〇〇三年のイラク戦争、ユコス事件、

グルジア・バラ革命、二〇〇四年のウクライナ・オレンジ革命、二〇〇五年のキルギス・チューリップ革命などで、アメリカとの対立が深まっていきました。

そして、二〇〇六年。

プーチンは五月一〇日の年次教書（一年に一度、大統領が議会で、ロシアの現状と今後の方針を演説すること）のなかで、アメリカの支配者たちを「気絶」させるような爆弾発言をしました。

「石油などわれわれの輸出品は、世界市場で取引されており、**ルーブルで決済されるべきだ**」

「**ロシア国内に石油、ガス、その他商品の取引所を組織する必要がある**」

取引通貨はもちろんルーブル。

例の、あれです。

ドルが基軸通貨でなくなれば、アメリカは没落する。

ドルを基軸通貨でなくすには、その使用量を減らせばいい。

当時、原油生産量世界一だったロシアがルーブルで石油を売りはじめたら？

ドルの使用量は増えますか、減りますか？

フセインは二〇〇〇年一一月、石油の決済通貨をドルからユーロにし、アメリカから攻撃されました。

プーチンは、フセインと同じ決断をしたのです。

しかも、**イラクとロシアでは世界に与えるインパクトが全然違う。**

プーチンは、言葉で脅すだけでなく、すぐ行動に移します。

二〇〇六年六月八日、ロシア取引システム（RTS《エルテーエス》。モスクワにある証券取引所）で、初の**ルーブル建てロシア原油の先物取引が開始**されました。

プーチンの野望はとどまるところを知りません。

二〇〇七年には、なんとロシアルーブルを、「**ドルに代わる世界通貨にする**」と宣言します。

〈米露〝破顔一笑〟「**ルーブルを世界通貨に**」プーチン大統領ますます強気

［サンクトペテルブルク＝内藤泰朗］ロシアのプーチン大統領は10日、出身地サンクトペテルブルクで開かれた国際経済フォーラムで、同国の通貨**ルーブルを世界的な基軸通貨とする**ことなどを提唱した。

同国など急成長する新興国の利益を反映した経済の世界新秩序が必要であるとの考えを示した形だ。世界的な原油価格高騰を追い風に強気のロシアは、**米国主導の世界経済に対抗し、欧米諸国に挑戦する姿勢を強めるものとみられる。**〉（産経新聞二〇〇七年六月一二日）

みなさん、なぜ**アメリカが**、**プーチンを**「**大嫌い**」なのか、これで理解できたでしょう。

ユーロの台頭、イラン、中東のドル離れで、崩壊が加速していくドル体制

アメリカはイラクを攻撃し、決済通貨をユーロからドルに戻した。

しかし、ユーロの「基軸通貨化」はその後も進み、二〇〇六年一二月末には、ついに流通量でドルを超えてしまいます。

〈「ユーロ」現金流通から5年　米ドルを超えた模様

［ロンドン藤好陽太郎］欧州単一通貨ユーロの市中での**紙幣流通量が今月初めて米ドルを超えた模様だ**。

ロシアや中東地域などユーロ圏外でも保有する動きが広がっているほか、ユーロ高でドル換算した額が膨らんだ。

旧ユーゴスラビア連邦のスロベニアも来月1日から新たにユーロに加盟し、ユーロ圏は今後も拡大が予想される。

通貨として誕生してから丸8年、現金流通開始から5年。**ユーロは国際通貨としての存在感を強めつつある。**〉（毎日新聞二〇〇六年一二月三〇日）

さらに、イランは二〇〇七年、**原油のドル決済を中止**しました。

〈**イラン、原油のドル建て決済を中止**［テヘラン　8日］
イラン学生通信（ISNA）は8日、ノザリ石油相の話として、同国が**原油のドル建て決済を完全に中止した**、と伝えた。
ISNAはノザリ石油相からの直接の引用を掲載していない。
ある石油関連の当局者は先月、イランの原油の代金決済の「ほぼすべて」はドル以外の通貨で行われていると語っていた。〉（ロイター二〇〇七年一二月一〇日）

「イランがアメリカから逃げ切ることができれば、自分たちも決済通貨を変えてしまおう」と考えていたのが、サウジアラビア、クウェート、アラブ首長国連邦など中東産油大国がつくる、湾岸協力会議（GCC）。

〈GCC首脳会議声明、二〇一〇年の通貨統合目標維持へ［ドーハ　4日］
湾岸協力会議（GCC）首脳会議の声明では、**2010年までに通貨統合を達成する**ことへのコミットメントが維持される見通し。
アブドルラハマン・ビン・ハマド・アティーヤ事務局長が4日明らかにした。

同事務局長は、声明の最終案には2010年の目標時期が盛り込まれているか、とのロイターの質問に対し「そうだ」と答えた。〉（ロイター二〇〇七年一二月四日）

とはいえ、この通貨統合の大胆な挑戦は二〇一〇年から二〇一五年に延期され、いまだに行われてはいません。二〇一五年の実現もおそらく困難だと思われます。

しかし、二〇〇七年当時、「ドル離れの大トレンド」があったことは間違いありません。

こうして、**ドミノ式にドル離れが起こり、ドル基軸通貨体制は崩壊していった**のです。

二〇〇八年一月二三日、ジョージ・ソロスは、ダボス会議で歴史的発言をしました。

「現在の危機は、ドルを国際通貨とする時代の終焉を意味する」

実際に世界的経済危機が起こったのは、この発言の約八か月後でした。

「リーマン・ショック」後、中国が企む「ドル崩壊」のための新手

二〇〇八年九月一五日、リーマン・ショックから、世界は「一〇〇年に一度」と呼ばれる「大不況」に突入したことは、これまで繰り返し述べてきました。

この危機が起こった理由は、一般に「アメリカ不動産バブルの崩壊」「サブプライム問題」など

と説明されます。

もちろん、私もそれを否定しません。

しかし、世界的な「ドル離れ」の動きも、危機の大きな原因だったことは間違いないのです。

そして、ついに「多極主義者」が望んでいた「**アメリカ没落**」**が起こった。**

その結果、「ドル攻撃」を主導してきた欧州やロシアが身にしみて感じたことは何か?


ドル体制が崩壊すると、俺たちもメチャクチャ困る。


既述のように、ロシアのGDPは二〇〇九年、マイナス七・八%だった。

欧州は二〇一〇年、PIGS《ピッグス》と呼ばれる国々(ポルトガル、アイルランド、ギリシャ、スペイン)で国家債務問題が深刻化し、大騒ぎになりました。

しかし、もう「走り出した列車」を止めることはできません。

世界では、「リーマン・ショック」の後も、粛々《しゅくしゅく》と「ドル攻撃」がつづけられています。

もはや「日常茶飯事」と化し、例をあげたらキリがなくなりますが、いくつか代表的なものをあげておきましょう。

まず、中国は二〇〇九年三月、「ドルを基軸通貨として使うのはもうやめて、まったく別の**世界共通通貨をつくりましょう!**」と提案しました。

ロイター、二〇〇九年三月二四日付。

〈中国人民銀行(中央銀行)の周小川《ジョウ・シャオチュアン》総裁は23日、**国際通貨基金(IMF)の特別引き出し権(SDR)がドルに代わる可能性を示唆した。**

SDRはIMFが1969年に創設した準備資産。

周小川総裁は、人民銀行のウェブサイトに掲載された論文の中で、**SDRが準備通貨として機能する潜在力がある**と指摘した。〉

SDRについて、少し解説しておきましょう。

戦後の世界金融体制は、一九四四年の「ブレトン・ウッズ協定」で決められました(アメリカ、ニューハンプシャー州ブレトン・ウッズに、四五か国の代表が集まって開催された金融会議で結ばれた協定なので、こう呼ばれています)。

この会議では、IMFと国際復興開発銀行の創設が決定されました。

また、**ドルを世界の基軸通貨とし、金一オンス**＝**三五米ドル**と定めた。

それをもとに、ドルに対する**各国通貨の交換比率を定めた(固定相場制)**。

この金融システムを「ブレトン・ウッズ体制」と呼びます。

そして、日本円は一ドル＝三六〇円で固定されました。

この「ブレトン・ウッズ体制」のもと、いわゆる「西側陣営」(アメリカを中心とする資本主義国陣営。ソ連を中心とする共産主義国陣営は、「東側」と呼ばれた)の経済は大発展しました。

しかし、この体制は長つづきしませんでした。

一九六〇年代になると、戦争でやられた日本や欧州の経済が復活。

アメリカと日欧の貿易収支は、アメリカの赤字になっていきます。

つまり、現在と同じように、どんどんドルが流出していった。

もう一つ、アメリカは六〇年代、ベトナム戦争に介入し、軍事費が膨大になり、深刻な財政赤字問題を抱えるようになります。

「アメリカは大丈夫なのか？」

覇権国家の先行きを懸念する声が、早くも出はじめたのです。

そして、欧州諸国は、貿易黒字で貯めこんだドルを、「金」(ゴールド)に換えるようアメリカに求めます。

そして、アメリカから金(ゴールド)が大量に出ていったのです。

一九六〇年代半ばには、「ブレトン・ウッズ体制は永続できない」ことが認識され、対応策が協議されはじめます。

その結果、一九六九年、SDRがつくられました。

IMFのHPには、SDRの意義について、以下のような説明があります。

〈重要な準備資産の2つである金と米ドルの国際的供給は、世界貿易の拡大と当時起こりつつあった金融発展を支えるには不十分であることがわかりました。
そのため、**国際社会はＩＭＦの監視の下に新しい国際準備資産を創出することを決めたのです。**〉

つまりＳＤＲは、もともと「**世界通貨になるべく**」考案されたのです。

しかし、ＳＤＲはこれまで大きな役割を担うことがありませんでした。

なぜ？

一九七一年八月、アメリカのニクソン大統領は、「ドルと金（ゴールド）の交換を停止する！」と宣言（ニクソン・ショック）。

一九七三年、固定相場制は崩れ、変動相場制に移行。ブレトン・ウッズ体制は崩壊しました。

それでも、世界はなんやかやと、ドルを基軸通貨としていままでやってきた。

だから、ＳＤＲは必要なかったのです。

しかし、中国は、「**もうドル体制は崩壊させましょう。そして、ＳＤＲを世界共通通貨にしましょう！**」と提案した。

中国は、**アメリカの強さの源泉である「ドル基軸通貨体制」を崩壊させ、ドルをただのローカル通貨にしたい**。

もちろん、これが実現したら、アメリカは崩壊します。

驚愕したオバマはすぐにコメントを出し、「ドルに代わる国際通貨は必要ない！」と断言しました。

そりゃ、アメリカは「基軸通貨」の「特権」を手放したくないに決まってる。

ちなみに、この提案を支持しているのは、ロシアなど一部の国に限定されています。

しかし、こういう提案が出てくること自体、「アメリカの衰退ぶり」を示すエピソードといえるでしょう。


現在、世界で「ドル攻撃」をもっとも力強く行っているのが、中国とロシアです。

中国は、「人民元の国際化」政策を積極的に推進している。

ロシアのプーチンは、外国の首脳が来るたびに、「私たちの国の貿易は、ドルではなく、ルーブルとあなたの国の通貨でやりませんか？」と提案しています。

この件に関する中ロ合意の記事を、一つ紹介しておきましょう。


〈インタファクス通信によると、両首脳は現在ドルで行われている原油など貿易取引の決済について、**ルーブルや人民元への切り替えを検討することでも合意に達した。**

世界最大規模のエネルギー消費国と生産国が自国通貨による決済に踏み切れば、**世界貿易におけるドル離れを加速させる可能性もありそうだ。**〉（産経新聞二〇〇九年六月一八日）

日中貿易取引の決済通貨を「円と人民元」に変えようとした野田総理（当時）

ここまでの話、「超親米国家・日本になんか関係ないよな〜」と思っていませんか？

ところが、実をいうと、**日本も「アメリカ没落」「中国台頭」に手を貸していた**のです。

二〇一一年一二月二五日付、時事通信をごらんください。

〈中国国債購入で合意＝円・人民元の貿易決済も促進―日中首脳会談
時事通信12月25日配信
［北京時事］野田佳彦《のだよしひこ》首相と中国の温家宝《おんかほう》首相は25日の会談で、日本政府が人民元建て中国国債を購入することで合意した。
貿易取引で、**円と人民元による決済を促す方針**でも一致。
両国の経済関係を緊密化し、一段の貿易拡大につなげるのが狙い。〉

「円と人民元による決済を促す方針でも一致」（＝ドルをはずし、アメリカを没落させる）
もしあなたがこれまでどおりの「ごく普通の日本国民」であれば、この記事を見て特に何も感じなかったでしょう。
しかし、「世界のほんとうの姿」のいくつかをすでに知っているあなたの頭は、「くらくら」しているはずです。

そう、日本の総理大臣(当時)は、アメリカに対し、**「原爆級」の爆弾を落としていた**のです。

なんといっても、日本はGDP三位、中国は二位。

日中間貿易で「ドルはずし」が実現すれば、アメリカの没落は急加速することでしょう。

記事にはつづきがあります。

〈ただ、人民元の国際的な立場が上がることで、**基軸通貨である米ドルの地位が低下する「ドル離れ」に拍車が掛かる**端緒《たんしょ》になりかねず、欧米諸国の反発も予想される。〉(同前)

「欧米諸国の反発」といっていますが、実は「アメリカの反発」ですね。

では、野田さんは、なぜ中国側のこんな「大胆な提案」に同意したのか?

〈両首脳は、円・人民元の貿易決済拡大や、両通貨を直接取引する為替市場の育成を支援することも決めた。

日本にとって中国は世界最大、中国にとっても日本は上位の貿易相手国。

しかし、日中貿易のほとんどは**米ドルで決済**している。

円・人民元で直接決済すれば、ドルとの両替が不要になるため取引コストを低減できる。〉(同前)

中華人民共和国第6代国務院総理・温家宝

おそらく、温家宝から、「円、人民元で直接決済すれば、取引コストが安くなりますよ！」といわれ、「そりゃいいですな！」と、気楽な気持ちで賛成したのでしょう。

野田さんは、「反米親中の民主党」なので、ひょっとして「わざとアメリカを没落させ、中国の覇権奪取を後押しするためにドルをはずした」という可能性もなきにしもあらずです。

しかし、野田さんはその後、「尖閣国有化」を断行し、中国とケンカした人。

ですから、「事の重大さを知らずにやっちゃった」のだと思われます。


ここまで、世界の大国が、外交する際の「**真の動機**」について学んできました。

私のメルマガや本をまだお読みでないかたには、「驚きの事実」がたくさんあったことでしょう。

しかし、このような重要な情報が、なぜこれまであなたの脳みそに届いていなかったのか？

しかも、いままでの話は、「極秘情報」ではなく、全部「公開情報」(新聞など)に基づいています。

次章では、「**なぜあなたには、『世界のほんとうの姿』が見えないのか？**」について考えてみましょう。

「**見えなくさせられている**」のです。

第三章

なぜ、世界の動きが見えないのか?

日本人の知らない

Методология Кремля

クレムリン・メソッド

第7の原理 「国益」のために、国家はあらゆる「ウソ」をつく

あらゆる組織も人間も、自己の「利益」のために「本音」と「建前」を使い分ける

第二章では、世界各国、特に大国の「国益」が世界情勢を動かしていることを明らかにしました。

「国益」は主に「金儲け」と「安全の確保」。

「エネルギー源の確保」と「基軸通貨争奪戦」。

何も難しいことはないですね？

ところで、私は、主に「日本の新聞」を使って話を進めています。

なぜかというと、私の話が「陰謀論」でないことを理解していただくため。

それにしても、なぜみなさんは、「新聞」にも出ている、このような「仰天《ぎょうてん》情報」を知らなかったのか⁇

この章では、**「世界のほんとうの姿」が見えない理由**についてお話しします。

「第7の原理」は、

「国益」のために国家はあらゆる「ウソ」をつく

です。

これに関して、「リアリズム」の世界的大家ミアシャイマー・シカゴ大学教授はなんといって

いるか、見てみましょう(太線筆者)。

〈歴史の記録から明らかなのは、あらゆるタイプのリーダーたちが、「ウソをつく」という行為は恥ずべき行動だとして非難されるものだとわかっていながら、それでも「**ウソは国を動かすための有益なツールであり、しかもさまざまな状況で使えるし、使うべきだ**」と考えている、ということだ。

リーダーたちは**他国だけでなく、自国民にたいしてもウソを使う**のであり、彼らがそうするのは、それが最も**自国の国益にかなうものであると**考えるからだ。そして彼らのこの考えが、**本当に正しい場合もある**のだ。もし戦略的に利益となるのなら、危険な敵国にたいして——とくに戦時に——は「ウソは使ってはいけない」などと、いったい誰が言えようか。〉(『なぜリーダーはウソをつくのか』ジョン・J・ミアシャイマー著　奥山真司訳　五月書房　164p)

「ウソは有益なツール」
「ウソはさまざまな状況で使える」
「ウソは使うべきだ」
「他国だけでなく自国民にたいしてもウソを使う」
「ウソを使うことは国益にかなう」
「ウソをつくことは正しい場合もある」

だそうです。

驚きですね。

では、リーダーはどうやってウソをつくのか？

「本音」と「建前」を使いわける。

「本音」というのは、「真の動機」「利益」。

それは、第二章であげたような、「金儲け」「安全の確保」「エネルギー源の確保」「基軸通貨防衛」など。

「建前」とは、「真の動機」を隠すための、「もっともらしい理由」「キレイゴト」。

では、なぜ国の指導者は、「本音」と「建前」を使いわけるのか？

理由は単純です。

本音をいったら、国民が国を支持しなくなるから。

たとえば、ブッシュが正直に、「イラクには石油がたっぷりある。われわれは、それをゲットするためにフセインを排除しなければならない!!!」といった。

アメリカ国民や国際世論は、そんな戦争を支持するでしょうか?

もちろんしないでしょう。

善良な一般人は、「石油のために人殺しなんてするな！　別の方法を考えろ！」となるでしょう。

だから、国民や国際世論が支持してくれそうな、「フセインは大量破壊兵器を持っている！」「アルカイダを支援している！」といった理由を前面に出すのです。

これは、異常なことでしょうか?

程度や深刻度に大きな違いはありますが、実をいうと、この世で「本音」と「建前」の使いわけは頻繁に行われています(だから「よいこと」とは、もちろんいいません)。

ただし、「建前」「キレイゴト」でうまくいくためには、重要な条件があります。

国民に「本音を悟られない」こと。

悟られたら、どうなるのか?

〈「**ブッシュ大統領は世界の脅威2位**　英紙の世論調査
［ロンドン＝本間圭一］**ブッシュ米大統領が、北朝鮮の金正日総書記やイランのアフマディネジャド大統領よりも、世界平和の脅威だ**――。
3日付の英紙ガーディアンは、世界の指導者で誰が平和への脅威になっているかに関して聞いた世論調査でこうした結果が出たと1面トップで報じた。

調査は、英国、カナダ、イスラエル、メキシコの4か国でそれぞれ約1000人を対象に世論調査機関が実施した。

英国民を対象とした調査によると、最大の脅威とされたのは国際テロ組織アル・カーイダ指導者、ウサマ・ビンラーディンで87%。

これに続いて**ブッシュ大統領が75%で2位につけ**、金総書記69%、アフマディネジャド大統領62%を上回った。ビンラーディンは他の3国でもトップとなった。〉（読売新聞二〇〇六年一一月四日）

「イラク戦争の開戦理由は全部大ウソ」であることを証明した、アメリカ上院報告書は、二〇〇六年九月に出されています。そして、二〇〇六年一一月の世論調査がこれ。

イギリス、カナダ、イスラエル、メキシコ、つまり親米国家で、**七五%が「ブッシュは平和の脅威だ！」**と認識していた。

その他の国々では、もっとひどかったことでしょう。

実際、ブッシュが、「**ウソの理由**」で、**イラク戦争をはじめたことで、アメリカの権威は失墜しました。**いいえ、「**ウソがバレたことで**」というべきですね。

ここまでで、何がいいたかったかというと、「世界のほんとうの姿」を知りたければ、

大国の指導者がアナウンスしている「建前」をそのまま信じてはいけない。

日本を嵌めたルーズベルトの大ウソ

「ウソ」といったら、日本人として、この「**世紀の大ウソ**」をとりあげないわけにはいきません。実をいうと、前著でも前々著でもとりあげたのですが、**全日本人に知ってほしい**ので、再度簡単に書きます。

みなさん、「日本人は狡猾《こうかつ》で邪悪な民族だ！」などと信じていませんか？

「その証拠に、『真珠湾』を奇襲したじゃないか！」と。

これについて、ルーズベルトの前に大統領だったフーバーさん(任期一九二九〜一九三三年)は、こんな主旨のことをいっています。

① ルーズベルトは、真珠湾攻撃をあらかじめ知っていた(つまり奇襲ではない)。
② ルーズベルトは、日本がアメリカを攻撃することを望んでいた。
③ その理由は、アメリカが対ドイツ戦争に参戦するためだった。

「……北野さん。

ここまで、『結構しっかりしたことを書いているじゃないか』と思って読んできましたが、あなたが『真性陰謀論者』であることを、いま知りました。残念です」

その気持ち、わかります。

しかし、**そう決めつけるのは、二〇一一年一二月七日付の産経新聞を読んでからにしてください。**

〈米歴史家のジョージ・ナッシュ氏が、これまで非公開だった**フーバー**のメモなどを基に著した「FREEDOM BETRAYED（裏切られた自由）」で明らかにした。

真珠湾攻撃に関しては、ルーズベルトが**対独戦に参戦する口実を作るため、攻撃を事前に察知しながら放置。**

ドイツと同盟国だった日本を対米戦に引きずり込もうとした—などとする〝陰謀説〟が日米の研究者の間で浮かんでは消えてきたが、**米大統領経験者が〝陰謀説〟に言及していたことが判明したのは初めて。**〉

どうですか、これ？

この本によると、フーバーさんは一九四六年に日本を訪問し、連合国軍総司令部のマッカーサー元帥と会談した。

左から、第二次世界大戦連合国軍最高司令官ダグラス・マッカーサー、アメリカ合衆国第31代大統領ハーバート・フーバー、同第32代大統領フランクリン・ルーズベルト

するとマッカーサーさんは、フーバーさんになんといったか？

〈マッカーサーも、「ルーズベルトは四一年夏に日本側が模索した近衛文麿首相との日米首脳会談を行い、戦争回避の努力をすべきだった」と批判していた。〉（同前）

なんとマッカーサーも、「**日本側は戦争を回避するために努力したが、戦争を望むルーズベルトがそれをぶち壊した**」**と考えていた**というのです。

私たちの先祖たちは、好戦的な悪者ではなかった。むしろ、**ずる賢いルーズベルトに嵌《は》められた。**

「自虐史観」は、いい加減捨てましょう。

私たちが反省すべきは、「アメリカに先制攻撃したこと」ではなく、「**アメリカの謀略に見事に嵌まって、先制攻撃させられたこと**」。

もちろん、「当時の指導者が、アメリカの真意を理解せず、ナイーブすぎた」と批判することはできるでしょう。

しかし、それと「**日本人は悪い民族だ**」というのは、**全然違う問題**です。

クリミア併合、プーチンの「本音」と「建前」

「本音」と「建前」について、比較的最近の例をあげておきましょう。

第二章で、二〇一四年二月に起こった「ウクライナ革命」の経緯をお話ししました。

そして、同年三月。世界を驚愕させる事件が起こります。

そう、ロシアが、ウクライナ領だった**クリミア自治共和国とセヴァストポリ市を、「サクッ」と併合してしまった**。

これについて、ロシア人の九〇％以上が支持している。

この決定でプーチンの支持率はグングン上がり、二〇一四年当初六〇％だったのが、夏には八六％に達しました。

日本人には、「**理解不能**」です。

なぜロシア人は、**他国の領土を併合した大統領を支持するの？**

まず基礎知識として、「クリミアはもともとロシアの領土だった」ことを知っておいてください。

実際クリミアは、一七八三年（エカテリーナ二世時代）ロシアに併合されてから、一九五四年までロシア領でした。

一九五四年からは、ウクライナの管轄になりました。

理由は、独裁者スターリンの後にソ連書記長になったフルシチョフが、「クリミアの管轄をロシアからウクライナに移す！」と決めたから。

なぜ？

当時フルシチョフの権力基盤は、まだ弱かった。

それで、ウクライナ支配層の支持を得るために、クリミアをプレゼントしたというのです。

しかし、当時は、ロシアもウクライナも、同じ「ソ連邦」の一部。

「東京にあった土地が、埼玉県に移った」くらいの感覚で、問題にはなりませんでした。

ところが、ソ連は一九九一年一二月に崩壊。

クリミアは、独立国ウクライナの領土となり、「別の国」になってしまいました。

ロシアも、この現実をいったんは受け入れました。

では、いったいなぜ、プーチンは考えを変え、「クリミア併合」を断行したのでしょうか？

第二章でも紹介しましたが、二〇一四年三月一八日のプーチン演説を見てみましょう。

二〇一三年一一月からウクライナで起こった、反政府デモについて、プーチンはこう語っています。

「しかし、ウクライナの一連の出来事の背景には、別の目的があった。すなわち、彼らは国家転覆を準備したのであり、権力奪取を計画した。しかも、それだけにとどまろうとしなかった。テロや殺人、略奪を始めた。」

「民族主義者、ネオナチ、ロシア嫌いの人たち、ユダヤ人排斥者が転覆の主要な実行者だった。彼らは今現在もウクライナにはっきりいるのだ。いわゆる新政権は、言語政策を見直す法案を提出し、少数民族の権利を制限した。」

プーチンの意見では、二〇一四年二月の革命で誕生したウクライナ新政権は、「親欧米」であると同時に、**「民族主義者」「ネオナチ」「反ロシア」「反ユダヤ」である。**

「言語政策を見直す法案」とは、「ロシア語禁止法案」のことです。

そして、**過激な民族主義者がクリミアのロシア人の脅威になってきた。**

「反乱に参加した人によって、弾圧や懲罰的な脅威もすぐに起きた。もちろん、**その最初の標的となったのが、ロシア語を話す人が多いクリミアだった。**

それに関連してクリミアとセバストポリの住民はロシアに自分たちの人権と人生を守るよう要請した。キエフで起きたことをさせないよう要請した。」

ウクライナで、反ロシアの民族主義者が政権についた。

そして、住民の六割が「ロシア系」のクリミアでは、人々が「民族主義者から弾圧されるのではないか？」と恐れた。

そして、ロシアに助けを求めてきた。


「当然、我々はその要請を断ることはできなかった。クリミアとその住民を悲惨な状況に置き去りにすることはできなかった。何よりも、クリミアの人たちが、自分たちの将来を歴史上初めて自分たちで決める平和で自由な意見表明の条件づくりを助ける必要があった。」


放っておいたら、**民族主義者がクリミアのロシア人を虐待するようになる。**

だから、**助けないわけにはいかない。**

これがロシア人の感情をゆさぶり、「**介入**」**は圧倒的に支持された**のです。

「クリミア併合」**一つ目の理由はこれです。**


放っておいたら、クリミアのロシア人は、ウクライナ民族主義者に殺される。

だから、助けなければならない。


この後、「クリミアを併合した」「もう一つの理由」を明らかにしました。

「キエフではウクライナがNATOに入るという話も出ている。クリミアとセバストポリにとってそれは何を意味するか？　ロシアの偉大な軍事都市に、NATOの軍艦が出現することはロシア南部にとって脅威となるだろう。それはつかの間のことではなく、全く具体的な脅威なのだ。」

これが、二つ目の理由です。

クリミア半島のセヴァストポリ市には、ロシア「黒海艦隊」がある。

二〇一四年二月の革命で追放されたヤヌコビッチ大統領は、「親ロシア」。

それで、ロシアとウクライナ間で、「二〇四二年まで黒海艦隊はセヴァストポリ市に駐留できる」旨の協定が結ばれています。

ところが、親欧米・新政権ができた。

プーチンによると、新政権は、欧米、特にアメリカの傀儡である。

であるならば、**新政権は「ロシア黒海艦隊を追い出すだろう」**。

そして、ロシアの宿敵である「**NATO軍」がセヴァストポリ市に駐留するようになる。**

これは、ロシアにとって「**大いなる脅威**」である。

そう、第二章であげた「**安全の確保**」「**軍事的理由**」です。

「クリミア併合」二つの理由。

① クリミアの人口の六割を占めるロシア系住民を、ウクライナ民族主義者から守ること。
② ロシア黒海艦隊を守ること。

さて、**どっちが「本音」でどっちが「建前」**なのか？

それとも、どっちも「本音」？

あるいは、どっちも「建前」？

答えは、どうも、

「ロシア黒海艦隊を守ること」、いわゆる「国の安全確保」「軍事的理由」が「本音」

「ロシア人をウクライナ民族主義者から守れ！」というのが「建前」のようです。


なぜ、それがわかるのか？

ウクライナ東部の州、たとえばドネツクとかルガンスクは、クリミアほどではないにしろ、ロシア系住民が多い。

彼らは、ロシアがクリミアを併合したのを見て、希望を抱いたのです。

「俺たちも、ロシアに編入してもらおう！」と。

それで、二〇一四年四月に「独立宣言」してしまった。

しかし、独立したいわけではなく、ロシアに編入してほしい。

もちろんウクライナ新政府は、これに大反対。

「クリミアを失い、ドネツク州、ルガンスク州も奪われてなるものか！」と。

当然ですね。

それで、新政権は両州に軍隊を送り、「内戦」が勃発しました。

プーチン流にいうと、「**ウクライナ民族主義者が、ロシア人の弾圧を実際にはじめた**」となるでしょう。

で、ロシアは、ドネツク、ルガンスクを助けたのか？

日本や欧米では、「ロシアが親ロシア派の背後にいる」と報道されています。

確かに、ある程度の支援はしていることでしょう。

そして、「親ロシア派」の幹部に、「ロシアから来たロシア人」が数多くいることも確認されています。

しかし、プーチンは、「クリミアを助けたレベル」ほどには、「ルガンスク、ドネツク州」を支援していないのです。

もしロシアが本気で支援したら、親ロシア派はとっくにウクライナ軍を撃破し、独立を達成しているはずです。

はっきりいえば、プーチンは、「クリミアのロシア系住民を救った」ものの、「**ルガンスク、ドネツク州のロシア系住民を見捨てた**」のですね。

これは、つまり、「**クリミア併合**」**の本音が、**「**ロシア系住民をウクライナ民族主義者から救**

え！」ではなく、「黒海艦隊の維持」だった、つまり**「安全保障上の理由」**だったことを示している。

「何がなんでもロシア系住民を救え！」が本音であるなら、プーチンはウクライナ東部にも兵を進め、彼らを救済したはずです。

しかし、それをやると、「やはりプーチンはヒトラーの再来だ！」となり、完全に国際社会から孤立する。

制裁も強力に行われ、ロシア経済はボロボロになる。

そんな状態でプーチンが高い支持率を保つことは困難でしょう。

なんの話か？

そう、「本音」と「建前」の話。

「かわいそうなクリミアのロシア系住民をウクライナ民族主義者から守ろう！」が「建前」。

そして、「黒海艦隊維持」、つまりロシア国の「安全確保」が本音。

アメリカばかりでなく、ロシアも、「キレイゴト」を前面に出しながら、「利益」を追求しているという例です。

クリミア併合は、まさに「第7の原理」どおりということです。

アメリカがイランを叩く理由は「核兵器開発」であるという「大ウソ」

もう一つ、わかりやすい例を。

世界情勢を少しでも追っている人なら、アメリカとイランが一〇年以上対立していた事実をご存知でしょう(一九七九年のイラン・イスラム共和国建国時から「ずっと対立している」ともいえます)。

実際、二〇〇三年四月にイラク・フセイン政権を打倒した後、アメリカ政府の高官たちは、「イランと戦争をする可能性がある」ことを、繰り返し語ってきました。

理由は、みなさんご存知ですね。

イランが、「**核兵器を開発しているから**」。

しかし、「第7の原理」的にいえば、これは、「建前」ということになります。

検証してみましょう。

まず、基本的な話から。みなさん、以下の事実をご存知でしょうか?

① **イランは核兵器を開発する意向を一度も示したことがない。**

② **アメリカも数年前まで、イランには「核兵器を開発する意図がない」ことを認めていた。**

③　核兵器開発が「戦争」の理由であるなら、真っ先に攻撃されるべきはイランではない。

まず、「①イランは核兵器を開発する意向を一度も示したことがない」。

「イランが核兵器を開発している」というのは、欧米だけがいっていること。

当のイランは「核兵器を開発する」とは一度もいっていません。

「核開発」は、「原発用」だとしています。

次に、「**②アメリカも数年前まで、イランには『核兵器を開発する意図がない』ことを認めていた**」について。

こちらをごらんください。

〈「イラン核」米が機密報告の一部公表　「脅威」を下方修正

［ワシントン笠原敏彦］マコネル米国家情報長官は3日、イラン核開発に関する最新の 機密報告書「国家情報評価」(NIE)の一部を公表し、**イランが03年秋に核兵器開発計画を停止させた**との分析結果を明らかにした。〉(毎日新聞二〇〇七年一二月四日)

どうですか、これ?

NIEは、「**イランは二〇〇三年秋に核兵器開発計画を停止させた**」と分析していた。

アメリカだけではありません。

世界の原子力、核エネルギーを管理、監視、監督する国際機関といえば、IAEA（国際原子力機関）。

そこのトップ、日本人・天野之弥《あまのゆきや》氏は、二〇〇九年一二月就任直前になんといっていたか？

〈**イランが核開発目指している証拠ない**＝IAEA次期事務局長
［ウィーン　3日　ロイター］　国際原子力機関（IAEA）の天野之弥次期事務局長は3日、**イランが核兵器開発能力の取得を目指していることを示す確固たる証拠はみられない**との見解を示した。ロイターに対して述べた。
天野氏は、イランが核兵器開発能力を持とうとしていると確信しているかとの問いに対し「**IAEAの公的文書にはいかなる証拠もみられない**」と答えた。〉（ロイター二〇〇九年七月四日）

どうですか、これ？

二〇〇九年半ば時点で、IAEAの次期トップが「**イランは核兵器開発を目指していない**」と断言しているのです。

「**イランは一度も核兵器保有を目指す意向を示したことがない**」「**アメリカもIAEAもつい最近までそのことを認めていた**」という事実。

よろしいですね。

それでも、イランは「核兵器保有」を目指しているのかもしれません。私も、断言はしません。

たとえそうだとしても、イランだけがターゲットにされるのはおかしいのです。

なぜか？

次を見てみましょう。

③　核兵器開発が「戦争」の理由であるなら、真っ先に攻撃されるべきはイランではない。
アメリカがイランを攻撃するのは、「核兵器保有を目指しているからだ！」としましょう。

ところで、**もうとっくに核兵器を持っている厄介な国がありませんか？**

そう、**北朝鮮。**

みなさんもご存知のとおり、**北は二〇〇六年一〇月九日に核兵器の実験を成功させ、**世界を驚かせました。

北朝鮮とイラン。

どっちが危険かは一目瞭然です。


北朝鮮は、核兵器を保有している。

実験もしていて、世界中がそのことを知っている。

イランは、核兵器を保有していない。

また、核兵器を保有する意思を一度も示していない。

どっちが悪いか、「一目瞭然」ですね。

ところが、イラン攻撃の可能性を何百回も公言している**アメリカは「北朝鮮は攻撃しない」**と断言しています。

たとえば、二〇〇六年一〇月一二日付の毎日新聞。

〈「**北朝鮮核実験」ブッシュ大統領「米国は攻撃意思ない**」（中略）
北朝鮮が核開発の理由に米国からの攻撃を阻止する抑止力を挙げていることに対し、「**北朝鮮を攻撃する意思はない**」と明確な姿勢を示している、と説明した。〉

このように、アメリカの行動は常識的に考えるとメチャクチャなのです。

「核兵器開発」が本当の理由でないとすると、いったいなぜ、アメリカは「イラン・バッシング」をつづけていたのか??

第二章を読まれたみなさんは、だいたい想像できることでしょう。

しかし、一応書いておきます。

1　ドル体制防衛

すでに第二章で触れましたが、イランも、フセイン時代のイラク同様、ドル体制に反逆しています。

2　石油、ガス

みなさん、グリーンスパンさんの衝撃発言、覚えておられますか？

BPのデータによると、イランの原油埋蔵量は、一五七〇億バレルで、世界四位。

また、イランは、天然ガス埋蔵量三三・六兆立方メートルで、世界一位。

世界有数の資源大国なのです。

アメリカは、当然この石油・ガス利権を他国に渡したくなかったことでしょう（その後、「シェール革命」で事情が大きく変化したことは、第二章で触れました）。

3　イスラエル防衛

イランが、アメリカと非常に近いイスラエルを敵視していることも理由の一つと考えられます。

〈［ワシントン＝犬塚陽介］オバマ米政権は、**イスラエルが単独でイラン核施設の攻撃に乗り出す可能性に懸念を強めている。**

イランが核施設攻撃の報復に打って出れば、原油高騰など世界経済に悪影響を及ぼすのは確実。

一方で大統領選をちょうど1年後に控え、**米国内のユダヤ票の行方には神経質にならざるを得ない。**

イランの核問題はオバマ大統領の再選戦略を揺るがしかねない。〉（産経新聞二〇一一年一一月六日）

4　中国封じ込め

米中「覇権」争奪戦の観点から見ると、アメリカにとって、イランは非常に重要です。

中東産油国の民衆は、イスラム教徒で概して反米。

しかし、トップは、おおむねアメリカと良好な関係を築いています。

とはいえ、中東産油国で反米の国もあります。その代表がイラクとイランでした。

しかし、アメリカはイラクを攻撃し、傀儡政権をつくった。

残るはイランです。

これは非常に重要なのですが、アメリカがイランに親米反中傀儡政権をつくれれば、ほぼ「中東支配」を完了したといえます。

すると、どうなるか？

米中関係がいざ悪化してきたとき、中東産油国を脅して中国に原油を売らせないようにすることができる。

中国のほうにもそういう危機感があります。

そのため、中国は陸つづきのロシアや中央アジアとの関係構築に必死になっているのです。

たとえ、中東から原油が入ってこなくなったとしても、ロシアからの原油輸入をアメリカが邪魔することは難しいでしょう。

いろいろ理由をあげましたが、「建前」は「イランは核兵器を開発している！」。「本音」は、「ドル防衛」「資源」「イスラエル防衛」「対中国」などなど。

「建前」は、しょっちゅう報道されているので、みんな知っている。

しかし、「本音」はたまにしか出てこない。

だから、原理を知っておく必要があるのです。

米英仏がシリア攻撃を回避したのは、その根拠が「大ウソ」だったから

二〇一三年の大事件について触れておきましょう。

この年、アメリカのオバマ大統領は、「**シリアと戦争する！**」と宣言した。

ところが、「戦争開始宣言」をしてしばらくすると、今度は「**やっぱ戦争やめた**」といい、世界を驚かせました。

この行動について、「**オバマはリーダーシップが欠けている！**」と批判する人がたくさんいました。そして、「**アメリカはもうダメだ！**」などといっています。

しかし、こういう見方は皮相的すぎます。

どういうことか？

少しでも世界情勢を追っている人であれば、以下の二つの「絶対的定説」をご存知でしょう？

① アメリカがシリア攻撃を検討したのは、**アサド大統領の軍が、「化学兵器を使ったから」**である。

② **アサド大統領は、「独裁者で悪」**である。**反アサド派は、「民主主義者で善」**である。

どうでしょう？

ほとんどすべての人が、「そのとおりじゃないか！」と思っていることでしょう。

しかし、この二つの「**ウソ」が暴露された**。

少なくとも、**「反アサド派」に関する「大ウソ」**が世界に明らかにされた。

それで、**アメリカはシリア攻撃できなくなった**のです。

いきなり「結論」から入ってもなんですから、少しくわしくお話ししましょう。

中東シリアは、一九七一年から現在にいたるまで、四〇年以上「アサド家」が支配しています。

一九七一年から二〇〇〇年までは、ハフィズ・アサドが大統領だった。

二〇〇〇年にハフィズが亡くなり、息子のバシャル・アサドが大統領になりました。

ですから、アメリカが「アサドは独裁者だ！」と非難するとき、それを否定する人はいません。

この点で、アメリカは正しいのです。

中東・北アフリカでは、二〇一〇年末から「民主化」「反政府」運動（いわゆる「アラブの春」）が起こってきます。

二〇一一年一月末ごろから、シリアにもその影響がおよんできました。

はじめは小さな「反アサド・デモ」でしたが、徐々に規模が大きくなっていきます。

三月には、すでに数千人規模の大規模デモが全国で起こるようになった。

四月、デモは暴力をともなうようになってきた。

各地で数万人規模のデモ参加者が、治安部隊と争うようになります。

アメリカ合衆国第44代大統領バラク・オバマ（左）とシリア・アラブ共和国第5代大統領バシャル・アル＝アサド（右）

細かく書くとキリがないのですが、混乱は急速に拡大。

結局、内戦状態になり、それがいまもつづいているのです。

ウクライナもそうですが、本当に「平和は脆《もろ》い」です。

それこそ「アッ！」という間に壊れてしまいます。

さて、内戦は激しさを増し、アメリカは二〇一三年八月、「シリアを攻撃する！」と発表した。

理由は、既述のように、「**アサドが化学兵器を使った！**」というのです。

〈米英仏がシリア軍事介入の準備、露は反発
ＣＮＮ．ｃｏ．ｊｐ　8月28日（水）配信　ダマスカス（ＣＮＮ）
シリア内戦で**化学兵器が使われた**とされる問題を巡り、バイデン米副大統領は27日、「責任の所在は明らかだ」と言明、同盟国と共に行動を起こす姿勢を鮮明にした。〉

この問題について、アメリカは。

〈バイデン副大統領は退役軍人団体の講演で、「無防備な男性や女性、子どもたちに対して化学兵器を使った者に、その責任を取らせなければならない」と断言した。〉（同前）

フランスは。

〈フランスのオランド大統領は、**化学兵器を使ったのはシリアのアサド政権軍だと信じるに足る根拠があると**の見方を示し、「罪のない人たちに対する化学兵器の使用を決めた者たちを罰する準備はできている」と語った。〉（同前）

イギリスは。

〈キャメロン英首相は27日にオバマ米大統領と協議し、シリア情勢への対応を話し合うため夏季休暇中だった国会議員を呼び戻した。英軍は有事計画の準備に入っている。〉（同前）

「アサドを罰するため」に、イギリスは「戦争準備」に入ったと。

このように、米英仏は、「**アサドが化学兵器を使った！**」ことを理由に、「戦争」を開始しようとしたのです。みなさん、ご存知ですね。

ところがです。

みなさん、**目を皿のようにして**次の情報を熟読してください。

この三か月前に、国連はどんな報告を出していたか？

〈シリア**反体制派**がサリン使用か、国連調査官

ＡＦＰ＝時事5月5日（月）配信

［ＡＦＰ＝時事］シリア問題に関する国連（ＵＮ）調査委員会のカーラ・デルポンテ調査官は5日夜、シリアの**反体制派が致死性の神経ガス「サリン」を使った**可能性があると述べた。

スイスのラジオ番組のインタビューでデルポンテ氏は、「われわれが収集した証言によると、**反体制派が化学兵器を、サリンガスを使用した**」とし、「新たな目撃証言を通じて調査をさらに掘り下げ、

検証し、確証をえる必要があるが、これまでに確立されたところによれば、**サリンガスを使っているのは反体制派だ**」と述べた。〉

どうですか、これ??

国連が調査した結果、**化学兵器を使っていたのは、**「アサド派」ではなく、「**反アサド派だ！**」というのです。

もちろん、私も、「アサド派が化学兵器を使った可能性」を排除しません。

つまり可能性は、二つです。

① **「アサド派」も「反アサド派」も化学兵器を使った。**
② **化学兵器を使ったのは、「反アサド派」だけである。**

②について、「国連は『反体制派が化学兵器を使った』と報告しているが、『確定』ではないのでは？」という意見もあるでしょう。
そのとおりです。

しかし、だからといって、米英仏がこの調査結果を「完全無視」し、「アサド派だけが使った！」と強弁するのも、かなり無理があります。

化学兵器を「アサド派」も「反アサド派」も使ったのなら、米英仏は、「アサド派を攻撃」し、「反アサド派も攻撃」しなければならない。

そういうことでしょう？

バイデンさんは、**「化学兵器を使った者に、その責任を取らせなければならない！」**といっているのですから。

しかし、米英仏は、**「国連の調査で『化学兵器を使った』とされる、『反体制派』を支援している。**

これは、どう見てもおかしいですね？

これで、シリアに関する絶対的定説の一つが崩れました。

「シリア反体制派は民主主義者で善である」という欧米の主張の「大ウソ」

では、もう一つ、**「アサド大統領は、『独裁者で悪』である。反アサド派は、『民主主義者で善』である」**はどうでしょうか？

既述のように、アサドが独裁者であるのはそのとおりです。

問題は、「反アサド派」ははたして、「人権を重んじる」「民主主義者」なのか？

「化学兵器」を使ったのなら、「人権を重んじていない」のは明らかですが。

ところで、シリア問題については、オバマが「戦争宣言」をする二か月前の二〇一三年六月、

G8で協議されています。
このとき、いわゆるG7は、「好戦的なムード」だった。
ただ一人プーチン・ロシアだけが「反戦」だったのです。

〈G8「プーチン節」健在…6年ぶり参加、来年は議長国
［エニスキレン田中洋之］6年ぶりにG8サミットに参加したロシアのプーチン大統領は、シリア問題でアサド大統領退陣を迫る欧米に妥協せず、独自路線を貫く「プーチン節」の健在を見せつけた。〉（毎日新聞二〇一三年六月一八日（火）配信）

では、プーチンは何を根拠に、アサドを守ったのか？

〈16日、キャメロン英首相との会談後の会見でプーチン大統領は、**シリア反体制派が政権側軍人の遺体を食べる映像を公表した**ことに言及し、「**殺害した敵の内臓を食べる人たちを支援するのか**」と**欧米を批判**。
G8議長のキャメロン首相は、シリア問題で譲歩しないロシアを外し「G7」での声明を出すことも検討したと伝えられた。〉（同前）

シリア反体制派は、「**アサド派の遺体を食べる**」と。

ちなみにその映像は、当時、ＹｏｕＴｕｂｅで公開されていましたが、今は削除されています。

どうも、反体制派は、「人権を守る人たち」ではないようです。

驚きなのは、イギリスの反応。

プーチンが、「**人肉を食べる人たちを支援するのは嫌だ！**」と反対したら、「**じゃあ、ロシアをＧ８からはずそう！**」となった。

さらに、プーチンは、「**化学兵器を使ったのは、『アサド派』ではなく、『反アサド派』だ！**」と、国連と同じ主張をします。

〈プーチン大統領は記者会見で「シリア政府がそのような兵器を使ったという証拠はない」と述べた。

また、シリア反体制派に武器を提供するという米の計画を批判し、「シリア政府が化学兵器を使ったとの未確認の非難に基づいて反体制派に武器を提供するという決定は、状況をさらに不安定化させるだけだ」と語った。

プーチン大統領はまた、**反体制派が化学兵器を使ったことを指し示す証拠があるとし**、「**われわれは化学兵器を持った反体制派がトルコ領内で拘束されている**ことを知っている」と述べた。

さらに、「**反体制派が化学兵器を製造している施設がイラクで発見された**という同国からの情報もえている。

これら全ての証拠は最大限真剣に調査される必要がある」と強調した。〉〈ウォール・ストリート・

ジャーナル二〇一三年六月一九日）

シリアの「反体制派」内に「イスラム国」というアルカイダ系がいる「真実」

さて、もう一つ、超重要な事実があります。

「反アサド派」「反体制派」といっても、いろいろな勢力がある。

彼らが、「内輪もめをした」ことを、ＡＦＰ（フランス通信社）と時事通信が報じています。

〈シリア北部の町占拠、反体制派とアルカイダ系勢力 対立の背景
トルコとの国境沿いにあるシリア北部アレッポ（Aleppo）県の町、アザズ（Azaz）で18日に戦闘になったシリア反体制派「自由シリア軍（Free Syrian Army, FSA）」と**国際テロ組織アルカイダ（Al-Qaeda）系武装勢力**「イラク・レバントのイスラム国（Islamic State of Iraq and the Levant, ISIS）」が停戦に合意したと、イギリスを拠点とするＮＧＯ「シリア人権監視団（Syrian Observatory for Human Rights）」が20日、明らかにした。〉（ＡＦＰ＝時事）

同じ反体制派内の「自由シリア軍」と「イラク・レバントのイスラム国」（ＩＳＩＳ）が仲間割れして、戦闘になったたと。

そして、この「イラク・レバントのイスラム国」は、「**アルカイダ系武装勢力**」である、とはっきり書いてあります。

説明するまでもないでしょうが、「アルカイダ」は、二〇〇一年に「**米同時多発テロ**」(**いわゆる9・11**)を起こしたとされる人たち。

アメリカは、なぜ自国最大の敵であるアルカイダを支援しているのか??

アサド政権に反対する勢力の統一組織は、「シリア国民連合」といい、二〇一二年一一月に組織されました(最近は、分裂状態にあるようですが)。

「シリア国民連合」をアサド政権に代わる「シリアの代表」と認めたのは、アメリカ、フランス、イギリス、湾岸協力会議(アラブ首長国連邦、バーレーン、クウェート、オマーン、カタール、サウジアラビア)など。

「反体制派」にはいろいろな勢力があるものの、一応「シリア国民連合」が「代表」というコンセンサスはとれていたのです。

つまり形式的には「シリア国民連合」に諸勢力が結集していると。

そのなかに、**アルカイダ系の「イラク・レバントのイスラム国」**(**ISIS**)**や「アルヌスラ戦線」**もいる。

ちなみに「自由シリア軍」は、シリア政府軍(つまりアサド政権)から離反したリヤード・アル＝アスアド大佐がつくりました。

いったい彼らは、なぜアルカイダと共闘していたのか？

先の記事は、こう解説しています。

〈シリアの反体制各派は、安定的な兵器の供給を受けて支配地域を拡大し「政府軍に匹敵する」ともされる残忍さを示すＩＳＩＳに怒りを募らせており、ここ数か月、反体制派がその大半を支配下に置いているシリア北部を中心に反体制各派とＩＳＩＳの間で緊張が高まっていた。〉（同前）

「イラク・レバントのイスラム国」（ＩＳＩＳ）は、政府軍（つまりアサド派）と同じくらい残忍だというのです。

しかし、戦いはメッポウ強い。

〈反体制各派とＦＳＡにとって、ＩＳＩＳとアルカイダ系イスラム武装組織「アルヌスラ戦線（Al-Nusra Front）」は以前からジレンマの原因になっていた。

実戦の中でＩＳＩＳとアルヌスラ戦線が政府軍に対する有効な戦力であることは証明されていた。〉（同前）

シリア国民連合の内部に**アルカイダ**がいるにもかかわらず、アメリカ、イギリス、フランスは、支持を表明した。

イスラム国最高指導者アブー・バクル・アル＝バグダーディー

イスラム国が主張する勢力範囲（2014年9月現在）

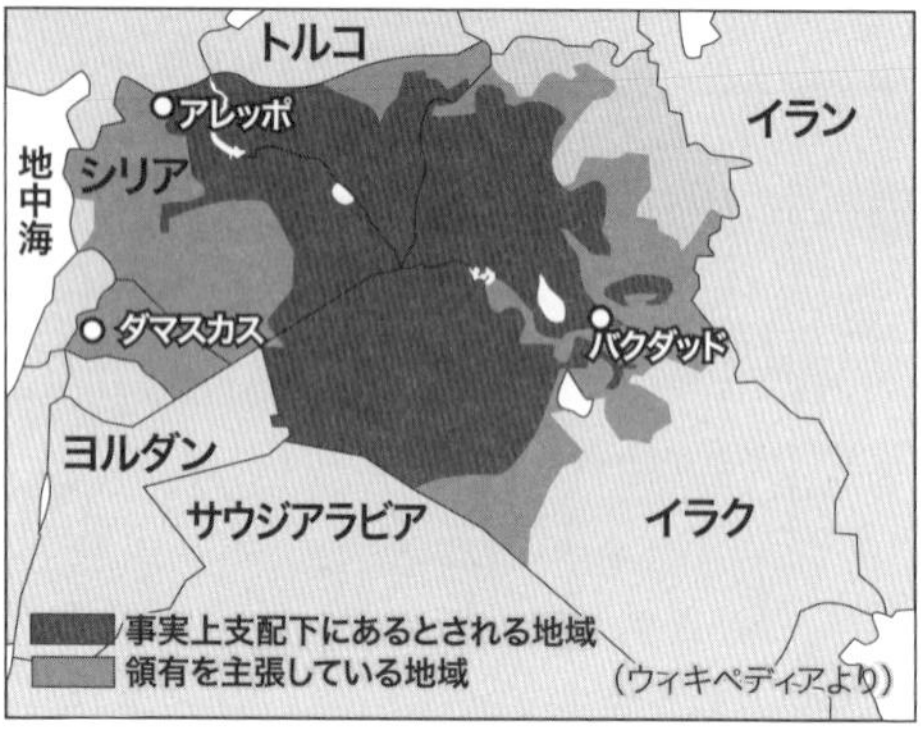

理屈は、「われわれが支援するのは、『自由シリア軍』でアルカイダじゃない」です。

これに関して、二つ問題があります。

一つは、米英仏が「自由シリア軍」に武器を与えた。

しかし「自由シリア軍」と「アルカイダ系」は、同じ「シリア国民連合」に属している。

アルカイダ系が、自由シリア軍に、「俺たちにも武器を流せ！　俺たちは仲間だろ！」と要求すれば、自由シリア軍はそれを拒否することができるのか？

「反アサド勢力」の分裂を恐れれば、そうもいかないでしょう。

つまり、米英仏は、「**間接的にアルカイダに武器を供与する**」ことになる。

もう一つは、もしシリア国民連合が、アサド政権を打倒したとしましょう。

そうなれば、シリア国民連合は、新政府を組織する。

そのとき、大活躍したアルカイダ系勢力を、新政府から排除することができるだろうか？

常識的に考えれば、難しいでしょう。

そうなれば、アメリカは、「**9・11を起こした犯人たちが新シリア政府をつくるのを、全面的に支援した**」**結果**になります。

「アメリカは、アルカイダ系もメンバーに含まれている『シリア国民連合』を支援している」というのは、到底アメリカ国民の理解を得られません。

それで、アメリカでは、「アサドはひどい奴だ！」という報道ばかりだった。

「**反アサド派にはアルカイダがいる**」という事実は、ほとんど（意図的に）無視されていたのです。

「**アメリカ政府は、9・11を起こし、三〇〇〇人以上の民間人を殺したアルカイダを支援している！**」

このことをアメリカ国民が広く知れば、どうなるか？

結局、オバマは、「**シリア戦争**」を「**ドタキャン**」しました。

〈オバマ大統領、慎重ながら外交的解決に傾く―シリア問題で演説

［ワシントン］オバマ米大統領は10日夜、シリア問題についてテレビ演説し、外交手段を通じて問題を解決することに慎重ながらも楽観的な考えを示した。〉（ウォール・ストリート・ジャーナル九月一一日（水）配信）

これは、いったいなんだったのか？

もうおわかりですね。

確かに、アサドは独裁者で、ひょっとしたら化学兵器を使ったかもしれない。

しかし、「反アサド派」は、到底「人権重視」の「民主主義者」ではない。

彼らは、「化学兵器」を使った可能性が高く、「人肉」を食う非人道的な連中である。

そして何よりも、アメリカで同時多発テロを起こした、「**アルカイダ**」である。

この事実が、拡散されたのです。

もちろん、ほとんどの日本人も、アメリカ人も、この衝撃的事実を知りません。

しかし、将来さらにこのことが拡散されて、イラク戦争のウソ同様、バレる可能性がある。

だから、オバマは戦争ができなかったのです。

ちなみに、「反アサド派」でアルカイダ系の「イラク・レバントのイスラム国」（ＩＳＩＳ）は、現在「**イスラム国**」と名を変えています。

そして二〇一四年一〇月現在、「イスラム国」は、イラク現政権（アメリカの傀儡）と激しく対立している。

アメリカは、
自分で樹立したイラク政権を守るために、自ら支援して育てた「イスラム国」に空爆を繰り返すという「マヌケな」結果になっている。

ここまで、第7の原理、「『国益』のためにに国家はあらゆる『ウソ』をつく」について、例をあげてきました。

ぜひ、大国のリーダーの扇動を頭から信じるのではなく、「本当の理由はなんだろう？」と疑ってみてください。

第8の原理　世界のすべての情報は「操作」されている

世界にはさまざまな「情報ピラミッド」があり、常に「作為的な情報」が流される

「ずいぶん過激じゃのう……」

そう思われたかたもたくさんいるでしょう。

そのとおりです。

確かに、「客観報道(情報)」は存在しています。

ただし、「比較的小さな問題」に関しては。

しかし、世界情勢を左右するような「大きな問題」では、「客観報道(情報)」ではなく、「プロパガンダ」が強くなります。

最初はなんのことかわからないと思いますが、読み進めるうちにわかってくることでしょう。

「第8の原理」を説明するために、まず「**情報ピラミッド**」の話をします。

「情報ピラミッド」とは何か?

世界には、たくさんの「情報ピラミッド」があります。

代表的なものは、

「**米英」情報ピラミッド**
「**欧州」情報ピラミッド**

「中共」情報ピラミッド
「クレムリン」情報ピラミッド
「イスラム」情報ピラミッド

などなど。

ちなみに、**「日本」情報ピラミッドは存在しません。**

敗戦によって破壊されたときに「米英」情報ピラミッドに組み込まれた日本は、いまも「米英」情報ピラミッドに属しています。

ところで、「米英」情報ピラミッドと「欧州」情報ピラミッドは違うのか?

この二つは、しばしば立場を同じくしています。

しかし、違うこともある。

たとえば、「米英情報ピラミッド」は、イラク戦争大賛成。

「欧州」情報ピラミッドは、ドイツ・フランスが反対に回ったので、しばしば「反戦」でした。

もし「客観報道」が存在しているのなら、どの情報ピラミッドでも「似通った報道内容」になるはずでしょう?

後に例をあげますが、「情報ピラミッド」が違えば、「報道内容」は全然異なります。

なぜそんなことが起こるかというと、その国の政府が国民、あるいは世界に対して**「プロパガ**

ンダ」を行っている。

プロパガンダとは、「特定の思想、世論、意識、行動に誘導する意図を持った宣伝行為」のこと。

国家が主体的に、これをやっている。

「米英情報ピラミッド」では、「米英に都合のよい情報」が流される。
「欧州情報ピラミッド」では、「欧州に都合のよい情報」が流される。
「中共情報ピラミッド」では、「中国共産党政府に都合のよい情報」が流される。
「クレムリン情報ピラミッド」では、「クレムリンに都合のよい情報」が流される。
「イスラム情報ピラミッド」では、「イスラム教に都合のよい情報」が流される。

「プロパガンダ」ですが、独裁国家の中国やロシアがやっているのは、理解しやすいと思います。でも、民主主義のアメリカやイギリス、欧州が「プロパガンダ」している？？？

信じられない人も多いでしょう。

しかし、思い出してください。

多くの日本人は、なぜ「イラクに大量破壊兵器がある！」「フセインはアルカイダを支援している！」と信じていたのか？

もちろん、ブッシュ政権の高官が毎日そればかりいっていたのが一番の理由です。

しかし、アメリカ・マスコミは、その真偽を検証もせずに、毎日同じ情報を垂れ流していた。

その情報を「米英」情報ピラミッド内にある日本マスコミもそのまま垂れ流していた。

それで、日本人の多くも信じてしまったのでしょう？

ちなみに、「**フセインはアルカイダを支援していない**」ことは、当時から研究者の間では、「**常識**」でした。

そのことを指摘せず、ブッシュ政権のウソをそのまま「垂れ流していた」のですから、「マスコミは政府のプロパガンダに協力した」といわれても仕方ありません。

実際、アメリカのマスコミには、ある程度の自由はあるでしょう。

しかし、あくまでも「ある程度」です。

政府が戦争準備段階に入ったとき、あるいは実際に戦争になれば、アメリカのマスコミは政府への迎合を強め、**単なる**「**プロパガンダマシーン**」に変貌します(もちろん、中ロのマスコミは、一年中プロパガンダマシーンですが)。

「米英情報ピラミッド」と「クレムリン情報ピラミッド」の情報はここまで違う

「情報ピラミッド」が違えば、「報道内容」も全然違う。

いい例は、現在ウクライナ問題で激しく対立している、アメリカとロシアの報道内容の違いです。

日本にいると、ロシアで何が報道されているかなかなかわかりませんね。モスクワ在住の私は、幸い日本、アメリカ、欧州のメディアに加え、ロシアメディアに接することができます。

ロシアメディアだけだと、「クレムリン」に洗脳されてしまいますが、日欧米メディアと見比べることで、バランスをとることができる。

たとえば、「ウクライナ」をめぐる一連の事件に関する報道は、欧米日とロシアの報道が、**完全に「正反対」**です。

私は両方を見比べながら、「**ああ、これぞ情報戦!**」と感心しているのです。

1　ウクライナ革命(二〇一四年二月)について

日本と欧米では、「独裁者ヤヌコビッチ(大統領)に反対し、大規模なデモが起こった。ヤヌコビッチはロシアに逃亡し、**平和裏**に革命が行われた」と報じられていました。

一方ロシアでは、「欧米(特にアメリカ)の支援を受けた『右派セクター』などの『過激な民族主義者』が、**武力で政権を強奪した**」と報じていた。

ヤヌコビッチが追放されたのは、もちろん彼が「親ロシア」だったから。

ちなみに「右派セクター」がどんなグループかをイメージしたいかたは、YouTubeで、「right sector」を検索してみてください。いろいろ出てくるはずです。

2　クリミア併合（同年三月）について

日欧米では、「ウクライナ領クリミア自治共和国とセヴァストポリ市を、ロシアが武力を背景に併合した」とされています。

そして、これは「国際法違反」であると。

ところがロシアは、「クリミアはそもそもロシア固有の領土」としています（クリミアは一七八三年から一九五四年までロシアに属していた）。

さらにロシア国内の報道では、「強制的に併合した」という欧米の報道に対し、「クリミアで住民投票が実施され、九七％がロシアへの編入を支持したから」と一蹴《いっしゅう》します。「国際法違反」ではなく、クリミアのロシア系住民は「国連憲章にある『民族自決権』を行使したまでだ！」と強弁するのです。

そして、「欧米は二〇〇八年、コソボ自治州がセルビアから一方的に独立するのを支持したではないか？　コソボが合法なら、なぜクリミアは違法なのか？」と至極まっとうな反論もしています。

3　同年四月にウクライナからの独立を宣言した、東部「親ロシア派」について

欧米では、「ウクライナからの独立を目指す『親ロシア派』の背後にロシアがいる。ロシアが支援しているから、彼らは抵抗をつづけられる」と報じられています。

一方ロシアの公式的立場は、「ロシア政府と親ロシア派はなんの関係もない」というもの。(八月末、「親ロシア派」は、「ロシアから来たロシア人が戦闘に参加している」ことを認めました)

もう一つ、ロシアメディアは、(当たり前ですが)「親ロシア派＝悪」という欧米側の報道を否定します。

一方ロシアメディアは毎日、「ウクライナ軍が、同国東部の民間人を大虐殺している！」と報じています。

4　マレーシア機撃墜《げきつい》について

日本および欧米では、「親ロシア派による誤爆」が「定説」になっています。

しかし、ロシアでは、「**ウクライナ軍による撃墜**」が「**定説**」になっています。

なんのために？

「**ウクライナ軍が撃墜し、それを親ロシア派のせいにすることで、親ロシア派とロシアを孤立させるため**」

これは、日本的にいえば、「陰謀論」ですね。

では、どのくらいのロシア人が、「ウクライナ軍撃墜説」を信じているのか??

二〇一四年七月の世論調査によると、ロシア人の実に**八二％(！)**が「**ウクライナ軍撃墜説**」を

支持しています。

そして、「親ロシア派による誤爆」と考える人は、わずか三%(!)しかいない。

ロシア側の見解をもう一度整理してみましょう。

① ウクライナ革命は、親ロシアのヤヌコビッチを失脚させるために、欧米(特に米国)が起こした。

② クリミア併合は、住民投票の結果であり、民族自決権の行使である。よって「完全に合法」。

③ ロシアと親ロシア派は、なんの関係もない(よって、「親ロシア派支持」を理由にロシアを経済制裁するのは理不尽)。

④ 「マレーシア航空機撃墜」は、ロシアを孤立させるためにウクライナ軍がやった。

ロシアでは、こんなプロパガンダが行われている。

それで、欧米からの「経済制裁下」にあるロシア国民は、何を感じているか?

「ロシアは何も悪いことをしていないのに、欧米からいじめられている」

「私たちは、かわいそう……」

これは、冗談ではありません。

私の近所に住むロシア人も、ほとんどそういう意識で暮らしています。

「政治的ウソ」は「事実」より優先され、情報として流される

第8の原理、「世界のすべての情報は『操作』されている」に関して、とてもよい実例をご紹介します。

マレーシア航空機が二〇一四年七月一七日、ウクライナ東部ドネツクで撃墜された事件。

既述のように、日本では、ウクライナからの独立を目指し、ロシアの支援を受ける親ロシア派による誤爆というのが定説になっています。

しかし、世界的な定説かというと、実はそうでもないのです。

ロシアでは、ほぼ全国民が、親ロシア派がやったとは思っていない。

「ウクライナ軍がやった！」と確信している。

ちなみに「ウクライナ軍説」は、二〇一四年七月二二日付毎日新聞にも掲載されています。

〈ロシア国防省は21日、マレーシア航空機撃墜事件について会見し、スホイ25攻撃機とみられるウクライナ空軍機が撃墜当時、マレーシア機に3〜5キロまで接近して飛行していたと発表した。〉

〈またウクライナ軍が当日に東部ドネツク州で地対空ミサイルシステムを稼働していたとも指摘。

断定は避けつつも、撃墜に**ウクライナ軍が関与している**との見方を示した。〉

中国では、もっと過激な報道が見られます。

七月一八日付新華ニュースは、ロシア国営メディア「ロシア・トゥデイ」の報道を引用しつつ、こんな記事を掲載しました。

〈撃墜されたマレーシア航空機がプーチン大統領専用機と同じ航空路を飛行　**プーチン大統領が襲撃目標か。**〉

〈(消息筋は)「マレーシア航空機はモスクワ現地時間午後3時44分に、プーチン大統領専用機は午後4時21分にそこを通った」と語り、「2機の外観、カラーなどがほとんど同じで、2機の区分けをするのは難しい」と付け加えた。〉

要するに、「**ウクライナ軍によるプーチン暗殺未遂だ！**」というのです。

日本人にはトンデモ話に聞こえるでしょう？

ロシアと中国は、何を根拠に「ウクライナ軍説」を主張しているのか？

1　なぜウクライナ政府は、戦闘地域への民間機の飛行を許可していたのか？

ドネツクでは、親ロシア派がしばしばウクライナ軍の軍用機を撃墜していました。

それなのに、ウクライナ政府は、マレーシア航空機や他の民間機がこの地域を飛ぶことを許可していた。

これは、いずれ**親ロシア派が民間機を誤爆することを期待していたからでは**ないか？　というのです。

この場合、撃墜したのは親ロシア派ですが、そこに誘導したのがウクライナ政府ということになります。

ロシアではもっと進んで、「**親ロシア派の犯行に見せかけるためにウクライナ軍が撃墜した**」**と報道されています。**

2　事件で得をしたのはだれか？

次に、だれが得をしたのか？

何か事件が起こった。

刑事は「真犯人」を探すために、「この事件でだれが得をしたのかな？」と考える。

「マレーシア機撃墜」で**得をした**のは、もちろん、**アメリカとウクライナ**です。

アメリカは、ロシアを孤立化させることに成功した。

ウクライナは、戦争相手の「親ロシア派」を「民間機を撃墜し、民間人を殺す悪の権化」にすることができた。

逆にこの事件で「大損」したのは、「親ロシア派」。

そして、ますます世界から孤立し、日本・欧米から追加制裁されることになったロシア。

3 「親ロシア派」がやった「強力な証拠」はどこ?

オバマ大統領は、事件が起きるとすぐ、「親ロシア派がやった『**強力な証拠**』がある!」と宣言しました。

しかし、いまだに万人が納得できる「強力な」証拠は公開されていません。

ロシア国防省は逆に、「証拠があるのなら出してみろ!」とアメリカに噛みついています。

ちなみに私は、親ロシア派誤爆説を支持しています。

しかし、ロシア人から、この三つの質問をされたら、なかなか答えるのは難しい。

それに、これまで書いてきたように、アメリカはイラクでも、イランでも、シリアでもウソをついているので、頭から信用できない。

だから正しい態度は、国際調査委員会の報告を待つことなのでしょう。

それにしても、同じ事件なのに、なぜこうも違う報道がされるのか?

大部分の日本人は、「マスコミは『事実』を報道する」と信じています。

実は、そうではないのですね。

第8の原理どおりです。

政治的意図（国益）はしばしば事実（真実）より優先される。

日本にいながら「情報ピラミッド」を超越する方法

いかがでしょうか？

いままでみなさんが、「絶対的真実だ」と信じていたこと。

案外あっさり「大ウソ」だったりするのですね。

あるいは、「ウソ」か「ホント」かわからない。


そう、**日本人は普通「『米英』情報ピラミッド内」にあって洗脳されているのです。**


この本を読まれたかたは、「**少し洗脳から解放**」された。

これまでの現象についてはです。

では、これから生きていくのに、「**自分で洗脳から抜け出す方法**」はないのか？

あります。


「**洗脳**」を成功させるには、二つの条件が必要です。

一つ目の条件は、同じ情報を繰り返し繰り返し与えつづけること。

「**ウソも一〇〇回いえばホントになる**」といいます。

これは本当です。

一〇〇回いっても信じてもらえなければ一〇〇〇回いう。

それでもだめなら一〇〇万回いう。一億回いう。

そうやって、ウソを信じ込ませることができる。

たとえば、「イラクは大量破壊兵器を保有している！」「アルカイダを支援している！」。

このウソを、一〇〇万回繰り返すことで、全世界を信じさせる。

「アサドは悪の独裁者！」「反アサド派は善の民主主義勢力！」

このウソを一〇〇万回繰り返すことで、全世界を信じさせる。

ほかにもいろいろな例がありますね。

中国や韓国では、子供のころから、「日本は極悪国家。日本人は極悪民族！」と一億回繰り返し洗脳する。

北朝鮮では、子供のころから「金正恩は神のごとき人」と洗脳する。


二つ目の条件は、「他の情報を遮断する」こと。

洗脳する側は、「教祖さまは、神のごとき人」と洗脳している。

ところが、よそから、「教祖は女好きで、愛人がたくさんいる。これが証拠映像です」などという情報が入ったら困りますね。

だから、情報を遮断する。

実際、「独裁者＝神のごとき人」と信じさせることに成功したソ連のスターリン、中国の毛沢東、北朝鮮の金日成。

これらの国では、外国からの情報に接したり、外国に出ることがきわめて難しかったのです。

この二つの条件を踏まえたうえで、どうやって「**自分で自分を洗脳から解放するか？**」。

簡単です。

日本国民は「**米英」情報ピラミッドの中に閉じ込められているのですから、「他の」情報ピラミッドを見てみればいい。**

そうすると、「**他の情報を遮断する**」という**洗脳の条件2が崩れ、あなたは洗脳から解放されてしまう**のです。

私たち日本人は、「米英」情報ピラミッドにいるので、できれば、まったく正反対の見方が知られる「**クレムリン」情報ピラミッド**や「**中共」情報ピラミッド**に接したらいいでしょう。

とはいえ、**ある「心構え」を持っておく必要はあります。**

「米英」情報ピラミッドでは、「アメリカ、イギリス」に都合のよい情報だけが流れている。

同じように、「クレムリン」情報ピラミッドでは、「**クレムリン」に都合のよい情報だけが流れている。**

「クレムリン」情報ピラミッド内で、プーチンに都合の悪い情報は決して見ることができません。

「中共」情報ピラミッド内では、「**中国共産党**」**に都合のいい情報だけが流れている。**

「クレムリン」情報ピラミッドは、「**クレムリンの洗脳マシーン**」である。

「中共」情報ピラミッドは、「**中国共産党の洗脳マシーン**」である。

このことを、「**決して**」**忘れない**ことです。

でないと、「やっぱ尖閣って中国領でしょ！」なんてことになりますから。


では、「クレムリン」情報ピラミッドと「中共」情報ピラミッドを見る意義は何か？

もちろん、この二つから、「クレムリン」と「中国共産党」のダークサイドを知ることはできないでしょう。

しかし、彼らは、「**米英**」**や**「**欧州**」**のダークサイドについては、遠慮なく報道する。**

たとえば、ロシアの**国営テレビ**「**1(ペルヴィー)カナル**」では、「**9・11は、アメリカ政府の自作自演である！**」といった、日本でいえば「陰謀論」を堂々と放送していたりする。

あるいは中国では、「マレーシア機撃墜は、プーチン暗殺未遂だ！」と。


「クレムリン」情報ピラミッド、「中共」情報ピラミッドに接するリスクとメリットはわかりました。

では、日本にいながら、それに接する方法は？

「中共情報ピラミッド」には、「人民日報日本語版」(http://j.people.com.cn/)。

「クレムリン情報ピラミッド」には、ロシア国営ラジオ「ロシアの声」HPがお勧めです(http://japanese.ruvr.ru/)。

北野流・情報収集術

「ちなみに私も新聞を読んでいるのですが、この本に書いてあるような衝撃的記事は、完全に見逃していました」

こんなかたも多いと思います。

そこで、私はどんなふうに情報収集しているか、少しお話ししておきましょう。

まず、情報源は、二つしかありません。

一つは、人。

いわゆる「情報筋」です。

もちろん、私もいろいろな人から情報を得ています。

もう一つは、メディア。

テレビニュース、新聞、雑誌、インターネットなど。

モスクワ在住の私は、日本在住の人がなかなか接することのないメディア、たとえば、ロシア国内のロシア国営テレビＲＴＲと１《ピエールヴィ》カナル、ほかにはユーロニュース、ＣＮＮ、ＢＢＣなども見ています。

しかし、それは、「情報を集めて発信すること」が私の「仕事」だから。

普通の人がそれらを全部視聴することは、あまり意味がありませんし、自分のお仕事もあるので時間的に不可能かもしれません。

こう書くと、「やっぱ、『情報筋』がなければ、『真実』を知ることはできないのかな？」と思ってしまいがち。

しかし、「インテリジェンス」のプロ中のプロ、「知の巨人」佐藤優《まさる》さんは、「**秘密情報の九八％は、公開情報の中に埋もれている**」とおっしゃっています。

つまり、あなたに「すごい人脈」などなくても、九八％の秘密は、新聞などから知ることができる。

「……もちろん、新聞読んでますが。

でも、秘密情報など全然わかりません」

その気持ち、わかります。

あまりにも情報の量が膨大で見逃してしまうのですね。

そういうときは、「テーマ」を絞ることが大事です。

すると、「脳」が勝手に情報を「仕分け」してくれます。


たとえば、専業主婦の奥さん。

朝から、洗濯機が壊れた。

ダンナさんに話したら、「○万円の予算で、もっとも性能のいい洗濯機を買うように！　期限は三日後！」といわれた。

奥さんは自分の脳に、「○万円の予算で、もっとも性能のいい洗濯機を探しなさいよ！」と指令を出します。

すると、あれ不思議。

昨日まで、「新型洗濯機の情報など、いったいどこにあるのか」と思っていた。

それが、脳に指令を出した瞬間、「どこを見ても洗濯機情報だらけだわ！」となる。


同じような現象はほかにもあります。

奥さんが妊娠した。

すると、町中に、「えらくたくさん妊婦がいるな！」と感じませんでしたか？

赤ちゃんが生まれた。

すると、町中「赤ちゃんだらけだ！」と思ったことはありませんか？

プリウスを買った。

すると、「おいおい、なんか町中プリウスだらけじゃん！」となった。

これらの例も、「脳は意識しないものを見ず、意識するものだけ認知する例」です。


では、私たちはニュースを見たり、新聞を読む際、何にフォーカスしたらよいのか？

ここまでこの本を読まれてきたあなたは、ある程度おわかりでしょう。


一つは、「主役」アメリカ、「ライバル」中国の動向です。

もちろん、わが国日本も大事。

「準主役」である欧州、ロシア、インドなどの動きも、時間があればチェックします。

主役、ライバル、準主役ではなくても、「紛争地域」「話題になっている小国」には注目する必要があります。

二〇一四年一〇月時点でいえば、ウクライナと「イスラム国」が勢力を伸ばしている「イラク」「シリア」です。

それに関わる大国、たとえばウクライナであれば、ロシア、アメリカ、欧州の動きも大事です。

もう一つは、「国益」にまつわる重要テーマに注目する。

特に「金儲け」「安全」(軍事)、「資源」「基軸通貨」(「基軸通貨」とは、たとえば、人民元の国際化。貿易決済を自国通貨で行うなど)。

では、具体的にどんな媒体で、情報を得ればいいのか?

意外と便利なのは、「ヤフーニュース」です。

ヤフージャパン(http://www.yahoo.co.jp/)を開いてみてください。

すると、左側に「ニュース」とありますね。

これをクリックしてください。

すると、左から二番目のタブに「国内」とあります。

まずそれをクリックします。

すると、「国内」の下に、「政治」「社会」「人」という別のタブが出るので、私は「政治」だけを開きます。

すると、「グワ〜ッ」と見出しが出てきます。

見出しをチェックしながら、興味のある記事だけ開いて読みます。

しかし、ある人の興味が、「AKB48じゃんけん大会」であれば、「興味のある記事」ではなく、先ほどお話しした「読むべきテーマの記事」をチェックする必要があります。

日本国内ニュース「政治」を読んだら、今度は「国際」をクリックします。

少し下に画面をスクロール・ダウンすると、「国際総合」という項目があるので、今度はそこを開きます。

するとまた、山ほど見出しが出てくる(P.281の図参照)。

ここで、先ほど書いた、アメリカ、中国の動き。

金儲け、軍事、資源、基軸通貨。

紛争地域(たとえば、ウクライナ、イスラム国)の動向などを意識してチェックします。

次に、「国際」の右にある「経済」のタブをクリックします。

開いたページを少し下がると、「経済総合」「市況」「株式」「産業」と出ますが、私は「経済総合」だけを読みます。

意識するテーマは、「国際総合」のときと同じです。

私がヤフーニュースを活用しているのは、このようにこちらが調べたいニュースを、非常に使いやすくジャンル分けしてくれているからです。

またもう一つ、ヤフーニュースが非常にありがたいのは、読売新聞、産経新聞、朝日新聞デジタル、毎日新聞、英ロイター、仏AFP、米CNN、米ウォール・ストリート・ジャーナル、米ブルームバーグ、サーチナ(日本最大の中国情報サイト)など、国内外の異なったメディアの記事を一度に読むことができるからです。

これを活かさない手はありません。

さて次に、「興味深い記事」を見つけて読んだ後、それをどうするか？

あなたが、完全記憶を持つ超天才でない限り、読んだ記事は光の速さで忘れ去られていきます。だから、「興味深い記事」をどこかにストックしておかなければならない。

昔の人は、せっせと紙の新聞記事を切り取って、スクラップしていたのでしょう。

ネット時代に生きる私たちは、「コピペ」すればいいだけなので、助かりますね。

私は、「新聞情報二〇一四年一〇月」という具合に、一か月ごとに区切ってデータで保存しています。

本を書くときなどは、あるテーマ(たとえば、シリア問題、ウクライナ問題など)について、「時系列」で読み返します。

すると、大国の意図が手に取るようにわかってきます。

ちなみに、「びっくり仰天記事」(たとえば、この本に出てきたような)には、コピペした記事の上に、★★★★★マークをつけておきます。

すると、後から「仰天記事」を見つけるのが楽になります。

この本を読まれている方は、「しょっちゅう仰天記事があるのか」と思われるかもしれませんが、もちろんそんなことはありません。

日々新聞を読んで、まれに「仰天記事」を見つけるのであって、毎日あるわけではないのです。もし毎日そんな記事があるなら、私がこの本で書いたことは、「一般常識」として知れわたっていることでしょう。

結局、仰天記事を見つけるのも、「日々の努力・習慣から」ということになります(もちろん仰天記事を見つけるために新聞を読んでいるわけではありませんが……)。

そして、「なんでもかでも保存しない」「大切な記事だけ保存する」のも大事です。後で訳がわからなくなりますから。

一つ、日本にいながらにして、「米英」「欧州」「クレムリン」「中共」に加え、「イスラム」、その他数多くの「情報ピラミッド」に、だれでも日本語で接することのできる超強力なツールがあります(ご存知のかたは多いと思いますが、念のため)。

NHK・BS1では、早朝「ワールド・ニュース」という番組が放送されています。

BS1の番組表を見ると、二〇一四年八月三〇日は、

午前五時から、イギリスのBBC、ドイツのZDF、ブラジルのバンデランテス、ロシアのR

TR、インドのNDTV、トルコのTRT。

午前六時から、フランスのF2、カタールのアルジャジーラ、ロシアのRTR、イギリスのBBC、アメリカのブルームバーグ、中国のCCTV。

午前八時から、イギリスのBBC、韓国のKBS、スペインのTVE、アメリカのABC、フランスのF2、ブラジルのバンデランテスの各ニュースを見ることができます。

すごいですね！

私はモスクワ在住なので、これを見ることができず、とても残念です(日本への一時帰国時には、必ず見ていますが)。

どのテレビ局も、そのほとんどは「国内ニュース」(BBCならイギリス国内のニュース)です。

しかし、世界の重大事件(たとえば、シリア、ウクライナ、イラク情勢など)に対する見方が、国によって全然違うことがわかり、とても興味深いと思います。

「ワールド・ニュース」を見ているだけで、あなたは、「情報ピラミッド」内で行われる「洗脳」からかなり解放されることでしょう。

ただし、「俺は○○国が悪いと信じている。それを確認するために、他国の報道を見てやろう」「俺の思っているのと全然違う報道をする○国メディアはクソだ！」などの先入観(色メガネ)は捨ててください。

大切なのは、第一章で述べたように、ある事件について、「世界はどう見ているのか、どう考えているのか」を、「あるがままに」見て、その「事実のみ」を判断することなのです。

Методология Кремля
クレムリン・メソッド

日本人の知らない

第9の原理 世界の「出来事」は、国の戦略によって「仕組まれる」

第9の原理は、

世界の「出来事」は、国の戦略によって「仕組まれる」です。

これはいったい、どういう意味か？

既述のように、人間は、目に見える「**肉体**」**的な行動を起こす前に、**「**心のなか**」**で行動の意思決定**を行います。

たとえば、トイレに行く前に、「トイレに行きたい」と思う(もちろん、体から、「行けよ！」と指令が出ているわけですが)。

つきあっている彼女にメールする場合でも、まず心のなかで「メール書かなきゃ」と思う。

こういう「単純な行動」なら、考えたものを即座に実現できます。

しかし、世の中には、はるかに「複雑なこと」「困難なこと」がある。

たとえば、覇権国家のトップとブレーンたちは、「どうすれば、わが国は永遠に覇権国家でいつづけることができるだろうか？」と考える。

ライバル国家の指導者は、「どうすれば、わが国は覇権国家になれるだろうか？」と考える。

「準主役」たちは、「どうすれば、覇権に一歩でも近づくことができるだろうか？」と考える。

リーダーたちの心のなかに、「覇権国家でいつづけるにはどうすればいいか？」という疑問が起こっている。

しかし、その答えは、「トイレに行きたいから、行く」というほど単純ではない。

それで、目標を定め、そのために必要なことは何かと、念入りに計画を立てるわけです。

「どうしたら、わが国は、『ライバル』や『準主役』たちとの戦いに勝利し、覇権国家の地位を維持することができるだろうか？」と。

どうすれば、戦争に勝つことができるか？

その方法を考えることを、「**戦略を立てる**」といいます。

現代では、「戦略」という言葉は、「戦争」に限らず、「国家」「経営」「人生」などにも使われますね。

第9の原理は、「**戦略（企み）**」**が先にあり、歴史的**「**事件**」**や**「**現象**」**はその後に起こる（その結果として起こる）**ということ。

例をあげて解説しましょう。

私はなぜ「日本の孤立」を予測できたか？

「え？　日本って孤立してたの？」

世界情勢にあまり興味のない人は、驚かれたかもしれません。

そこから説明しないといけませんね。

短期間ですが、二〇一三年末から一四年二月にかけて、日本は世界でとても孤立していた。

きっかけは、安倍総理が二〇一三年一二月二六日、靖国《やすくに》神社に参拝したことです(実をいうと、これは**表層的な理由**です。真因については後述します)。

「え？　全然孤立してないでしょ？

だって、靖国参拝に反対してたのは、中国と韓国だけですよ」

おそらく、日本人のほとんどがこんな反応だと思います。

しかし、「反対したのは中国、韓国だけ」というのは「事実」ではありません。

世界のリアクションを見てみましょう。

- 二〇一三年一二月二六日、安倍総理の靖国参拝について、アメリカ大使館が「失望した」と声明を発表。
- アメリカ国務省も「失望した」と、同様の声明を発表。
英「ファイナンシャル・タイムズ」(電子版)は、安倍総理が「右翼の大義実現」に動き出したとの見方を示す。
- EUのアシュトン外相は、(参拝について)「日本と近隣諸国との緊張緩和に建設的ではない」と批判。
- ロシア外務省は、「このような行動には、遺憾の意を抱かざるをえない」「国際世論と異なる偏った第二次世界大戦の評価を日本社会に押し付ける一部勢力の試みが強まっている」と声明。
- 台湾外交部は、「歴史を忘れず、日本政府と政治家は史実を正視して歴史の教訓を心に刻み、近隣国や国民感情を傷つけるような行為をしてはならない」と厳しく批判。

- 一二月二七日、米「ニューヨーク・タイムズ」、社説「日本の危険なナショナリズム」を掲載。
- 一二月二八日、米「ワシントン・ポスト」は、「挑発的な行為であり、安倍首相の国際的な立場と日本の安全をさらに弱める」と批判。
- 同日、オーストラリア有力紙「オーストラリアン」は、社説で「日本のオウンゴール」「自ら招いた外交的失点」と指摘。
- 一二月三〇日、米「ウォール・ストリート・ジャーナル」、「安倍首相の靖国参拝は日本の軍国主義復活という幻影を自国の軍事力拡張の口実に使ってきた中国指導部への贈り物だ」(つまり、「日本で軍国主義が復活している」という、中国の主張の信憑性《しんぴょうせい》を裏付けた)。
- 同日、**ロシアのラブロフ外相**は、「ロシアの立場は中国と完全に一致する」「誤った歴史観を正すよう促す」と語る。

これらを見ると、「反対なのは中国、韓国だけ」という日本国内の報道のされ方は、かなり強引であったことがわかるでしょう。

実際には、中韓に加え、**アメリカ**、**イギリス**、**EU**、**オーストラリア**、**ロシア**、**親日の台湾まで、靖国参拝を批判していた**のです。

そして、この問題は長期化し、「日本はますます孤立化していく」兆候を見せていました。

たとえば、**米「ブルームバーグ」**(アメリカの大手総合情報サービス会社)は二〇一四年二月一九日、**「日本のナショナリスト的愚行、米国は強い語調で叱責《しっせき》を」**という社説を掲載しています。

何が書いてあったのか？

〈悪いことに、日本は米国から支持を受けて当然と思っているようだ。

バイデン米副大統領が事前に自制を求めていたにもかかわらず、安倍首相は靖国参拝を断行した。

非公開の場でのこの対話の内容はその後、戦略的に漏えいされた。恐らく、安倍首相の尊大な態度を白日の下にさらすためだろう。〉

「安倍首相の『尊大な態度』を白日の下にさらすため」だそうです。

アメリカの本音は、「属国日本の長《ちょう》（安倍首相）が、宗主《そうしゅ》国アメリカ・ナンバー2（バイデン副大統領）の要求を無視するとは、なんと傲慢《ごうまん》な！」ということなのでしょう。

〈米国は反論すべきだ。

それも通常より強い言葉で切り返すべきだ。

四月のオバマ大統領のアジア訪問は、中国政府の外交的冒険主義を容認しないことをあらためて表明する良い機会であると同時に、安倍首相の挑発がアジアの安定を脅かし、日米同盟に害を及ぼしていることをはっきりと伝えるチャンスだ。〉（同前）

要するに、「オバマよ、二〇一四年四月に日本に行ったら、**『ガツン』といってやれ！**」と主張しているのですね。

〈日本が何十年もかけて築いてきた責任ある民主国家として受ける国際社会からの善意を、安倍首相は理由もなく損ないつつある。

首相が自分でそれに気づかないのなら、**米国そして日本国民が分からせてあげられるだろう。**〉（同前）

つまり、「尊大な」安倍総理が悔い改めないならば、アメリカが「わからせてあげよう！」と。

これは、一種の脅迫です。

ここまでで、「日本がかなり孤立していた」こと、ご理解いただけたでしょう。

ところで私は、このほぼ一年前の二〇一二年の一一月から、「日本が世界的に孤立すること」を予測していました。

メルマガでもしばしば書いてきましたし、前著『日本自立のためのプーチン最強講義』（二〇一三年一一月刊）では、第一章でくわしく「こうすれば孤立する」と警告しています（ぜひご確認ください）。

では、なぜわかったのか？

普通の人は、「**安倍総理が靖国に参拝したから孤立した**」と考えますね（私もそう書きましたが、靖国参拝がおおもとの原因ではありません）。

つまり、普通だったら、「**総理の靖国参拝**」**という**「**事件**」「**現象**」**が先にあって、**「**日本孤立**」**という**「**結果**」**が起こった**と考える。

ちなみに、日本の保守政治家や保守系メディアは、当時、「総理が靖国参拝してもたいしたことはない」と予測しました。

少なくとも、アメリカや欧州から厳しい批判が出るとは想像できなかった。

なぜか？

元首相の**小泉純一郎**《こいずみじゅんいちろう》**さんは在任中、**なんと**六回も靖国を参拝している**（①二〇〇一年八月一三日、②二〇〇二年四月二一日、③二〇〇三年一月一四日、④二〇〇四年一月一日、⑤二〇〇五年一〇月一七日、⑥二〇〇六年八月一五日）。

当然、中国と韓国は怒っていた。

しかし、アメリカは、ほとんど「ノー・リアクション」だった。

それで、保守政治家や保守系メディアは、「今回もたいしたことにはならないだろう」と高をくくっていた。

ところがフタをあけたら、世界的大バッシング！

「何が起こったのだ!!」と、みんな、訳がわからなかった。

中国の強力なプロパガンダ(戦略)があって、日本の孤立(事件)が起こった

では、いったい何が起こったのか？

答えは、**「中国の戦略」にあるのです。**

私は二〇一二年一一月、ロシア国営放送「ヴォイス・オブ・ロシア」のＨＰで、ある記事を見つけました。

その記事には、驚くべきことが書かれていた。

前著でも紹介しましたが、非常に重要なので、再度とりあげます。

〈中国の著名な専門家は、中国と同様、日本と領土問題を抱えるロシアと韓国に対し、**反日統一共同戦線**を組むことを呼びかけた。

この共同戦線は日本の指導部に対し、第二次世界大戦の結果を認め、近隣諸国への領土要求を退けさせることを目的としている。〉(The Voice of Russia 二〇一二年一一月一五日)

日本と領土問題を抱える**中国が、同じ問題を抱えるロシアと韓国に、「反日統一戦線をつくろうぜ！」**と提案した。

もう少し具体的な話を見てみましょう。

〈14日モスクワで行われた露中韓の三国による国際会議「東アジアにおける安全保障と協力」で演説にたった中国外務省付属国際問題研究所の郭宪纲（ゴ・シャンガン）副所長は、こうした考えを明らかにした。〉（同前）

なぜ？

「こうした考え」とは、中国、ロシア、韓国で「『反日統一戦線』をつくろう！」ということです。

〈郭氏は、日本は近隣諸国との領土問題の先鋭化に意識的に対応し、第二次世界大戦の結果を認めないことを見せ付けたと強調している。〉（同前）

これはおそらく、日本政府が二〇一二年九月に「尖閣を国有化した」こと。および、ロシアには「北方四島を返せ！」、韓国に「竹島を返せ！」と要求していることを指すのでしょう。

歴史にくわしい人なら、この論の「ウソ」に気がつくでしょう。

確かに、「北方領土問題」「竹島問題」は、「第二次世界大戦の結果」ともいえます。

しかし、中国が尖閣の領有権を主張しはじめたのは、一九七〇年代から。

つまり、「第二次世界大戦の結果」とはまったく関係ない。

とはいえ、中国は、一八九五～一九七〇年まで一度も領有権を主張しなかった尖閣を、「わが国固有の領土」「核心的利益」という国なので、「ウソ」か「ホント」かにはこだわりません。

〈郭氏は対日同盟を組んでいた米国、ソ連、英国、中国が採択した一連の国際的な宣言では、第二次世界大戦後、敗戦国日本の領土は北海道、本州、四国、九州4島に限定されており、こうした理由で日本は南クリル諸島、トクト(竹島)、釣魚諸島(尖閣諸島)のみならず、沖縄をも要求してはならないとの考えを示した。〉(同前)

「**沖縄を要求してはならない**」そうです。

要するに、「**沖縄は中国領だ**」といいたいのですね。

これは「ポツダム宣言」のことをいっているのでしょう。

ポツダム宣言には、「日本国の主権は、本州、北海道、九州、四国ならびに吾等《われら》の決定する諸小島に限られなければならない」とある。

しかし、ここにもウソがあります。

沖縄は、一九四五年から一九七二年まで、アメリカの統治下にあった。

そして一九七二年五月、「**戦勝国**」のアメリカが日本に返還した。

だから、沖縄は日本領なのです。

〈こう述べる郭氏は、中国、ロシア、韓国による反日統一共同戦線の創設を提案している。

日本に第二次世界大戦の結果を認めさせ、近隣諸国への領土要求を退ける必要性を認識させるために、この戦線には**米国**も引き入れねばならない。〉(同前)

なんと、「反日統一戦線」には、ロシア、韓国だけでなく「**アメリカ**」にも参加してもらうと。

どうやって？

つまりこれは、「**日本は第二次世界大戦の結果を認めていない！**」と**プロパガンダする**ことを意味しています。

そして、「**中国、アメリカ、ロシア、韓国**」**で日本を「袋叩きにしよう！」**と。

「**日本に第二次世界大戦の結果を認めさせる**」

私は、この記事を読んで、中国の戦略がはっきり理解できました。

中国は、アメリカ、ロシア、韓国とともに、「反日統一戦線」をつくる。

そのために、「日本は第二次世界大戦の結果を認めていない」とプロパガンダする。

具体的には、日本について「右傾化している」「軍国主義化している」「歴史の見直しを目指している」とプロパガンダする(「アメリカ製憲法改正」「靖国参拝」「歴史の見直し」[たとえば教科書の内容見直し]などなどを、非難する)。

① これによって、日本とアメリカを分断し、「尖閣有事の際、アメリカが日本を助けたくない状態」をつくる。

② そして、尖閣を占領。

③ アメリカの助けを得られない日本は、非難声明を出して実際には何もしない？　あるいは、自衛隊が出てきても、人民解放軍が撃退するであろう。

これが、**中国の**「**対日戦略**」なのです。

そして、中国は全世界で精力的に「反日プロパガンダ」を行っていきました。

韓国と共に、全米、全カナダ、全オーストラリアに「慰安婦像」を建てる運動を、精力的に推進している。

まとめてみましょう。

まず「**中国の戦略**」**があった。**

その戦略にのっとって、全世界で、「日本は、『右傾化している！』『軍国主義化している！』『歴史の見直しを求めている！』」というプロパガンダが行われた。

日本への「警戒感」が醸成された。

安倍さんは、中国の罠にひっかかって、「**靖国参拝**」した。

予定どおり、「**世界的日本バッシング**」が起こった。

日本以外の世界は「善か悪か」に関係なく、「どうすれば勝てるか」を考える

これが私のいう、「**世界の『出来事』は、国の戦略によって『仕組まれる』**」の例です。

小泉さんが靖国に行ったときにノー・リアクションだったアメリカは、なぜ安倍さんのときは激怒したのか？

これは、つまり「**全世界が中国の戦略、プロパガンダに巻き込まれた**」ということなのです。

中国の対日戦略は、いまもつづいていますので、日本は、「右傾化」「軍国主義化」「歴史修正主義」と解釈されることを、極力避ける努力が必要です。

ちなみに、①「憲法改正」、②「靖国参拝」、③「歴史修正」については、現状「**善悪論**」**から離れて考える**必要があります。

私自身、「アメリカ製憲法」を神聖視していません。

「靖国参拝」が悪いことだとは思いません。

世界一広大な植民地をつくったイギリスや、原爆を落として民間人を数十万人虐殺したアメリカが、日本より「善だ」とは思いません。

しかし、私は、右の三つをやると、

① 中国の罠に嵌まり、

② 日米関係は悪化し、

③　日米安保は破壊され、
④　尖閣有事の際、アメリカは日本を守らず、
⑤　尖閣は中国のものになる

可能性が高いという話をしているのです。

さらに、アメリカの後ろにいる、欧州やオーストラリアなども同時に敵になります。

日本人は、なんでもかでも「善」か「悪」で考えがちです。

「で、結局どっちが正しいの？」と。

しかし、世界の支配者たちは、まったく別の見方をし、別の行動をとるのです。


どうすれば勝てるのか？


幸いなことに、日米関係はその後、改善されました。

いったい何が起こったのか？

二〇一四年三月に起こった世界的大事件が、すべてを変えたのです。

その事件とは、プーチン・ロシアによる、「クリミア併合」です。

これで、アメリカの主敵は、ロシアになった。

アメリカは、欧州、オーストラリア、そして日本を一体化させ、「対ロシア制裁」をする必要が出てきた。

それで、安倍総理は「許された」のです。

さらに同年七月、安倍内閣が、「集団的自衛権行使容認」を閣議決定すると、アメリカ、イギリス、オーストラリアなどとの関係は劇的に改善されました。

アメリカは、いつ日本と戦争することを決めたのか?

「**世界の『出来事』は、国の戦略によって『仕組まれる』**」について、もう少し考えてみましょう。


敗戦からさかのぼること四〇年。

つまり、一九〇五年。

日本はさまざまな問題を抱えながらも、国際社会で非常にいいポジションにつけていました。

まずこの年、日本は世界最強の陸軍国家ロシアとの戦争に勝利しています。

同年、日本とイギリスは、一九〇二年に結ばれた「日英同盟」の改定を行いました。

「第二次日英同盟」は、「日本の朝鮮半島支配」と「イギリスのインド支配」を認めています。

さらに、日本はこの年、アメリカと「桂《かつら》・タフト協定」を交わしました。

協定の内容は、「日本は、アメリカのフィリピン支配を認め、アメリカは、日本の朝鮮半島支配を認める」というもの。

アメリカとイギリスの承認を得ていたため、日本の韓国併合(一九一〇年)は、問題なく行われたのです。

「**桂・タフト協定**」**には、**「**極東の平和は、日本、アメリカ、イギリス三国による事実上の同盟によって守られるべきである**」とありました。

このように、当時日本は、世界の二大国イギリス、アメリカと非常に良好な関係にあった。

ところが、後に両国と戦争することになった。

いったい、どこで日本と米英の関係はおかしくなったのか

実をいうと同じ一九〇五年に起こった出来事が原因なのです。

その「出来事」とは、「**桂・ハリマン協定破棄**」。

説明が必要でしょう。

「桂・ハリマン協定」の「ハリマン」とは、アメリカの鉄道王エドワード・ヘンリー・ハリマンのことです。

日本が、ロシアに勝てたのは、もちろん日本人が必死で戦ったから。

しかし、ほかにも理由はあります。

たとえば、当時の覇権国家イギリスと、同盟関係にあったこと。

さらに、アメリカは資金面で、巨額のサポートをしてくれました。

日本の戦時国債を大量に購入してくれた(つまり金を貸してくれた)。

特にモルガン商会やクーン・ローブ商会。

ちなみに、クーン・ローブの頭取ヤコブ・シフは、「日ロ戦争時多額の資金援助をし、日本の勝利に貢献した」ということで、明治天皇から、「勲《くん》一等旭日大綬章《きょくじつだいじゅしょう》」を贈られています。

さらに、アメリカ政府は、日ロの講和条約(ポーツマス条約)締結の仲介を行いました。

ところで、なぜアメリカは、日本を助けたのか?

第二章を読まれた方なら、**「国益のため?」「金儲けのため?」**と疑うことでしょう。

そのとおり。

クーン・ローブ商会は、鉄道王ハリマンを支援していた。

そして、ハリマンは、日ロ戦争直後に来日。

ポーツマス条約によってロシアから日本に譲渡された南満州鉄道の「共同経営」を要求します。

日本側もこの話に乗り気で、いわゆる「桂・ハリマン協定」が結ばれました。

この、南満州鉄道共同経営は、中国や満州への進出を目指すアメリカにとっても非常に重要なものでした。

ところが、小村寿太郎《こむらじゅたろう》外相(一八五五〜一九一一)などがこれに強く反対し、結局日本側は「桂・ハリマン協定」(仮条約)を破棄します。

アメリカは、「日本に多額の資金を援助し、ロシアに勝ったら満州利権に入り込める!」というもくろみだった。

しかし、日本は「**満州の利権にアメリカは入れないよ！**」と一蹴《いっしゅう》したのです。**アメリカは激怒しました。**

この歴史的事件について、上智大学名誉教授の渡部昇一《わたなべしょういち》先生と、元ウクライナ兼モルドバ大使の馬渕睦夫《まぶちむつお》先生が、共著のなかで興味深い対談をしています。

まず、日本は、ハリマンの提案を受け入れるべきだったのか？

渡部先生はいいます。（太線筆者）

〈明治維新の元勲たちは直感的に、ハリマンの提案を**いい考え**だと言いました。井上馨《いのうえかおる》や伊藤博文《いとうひろぶみ》、渋沢栄一《しぶさわえいいち》らは、ハリマンと組んでもいいと判断した。だから仮条約まで進んだのです。日露戦争で**カネを使い果たし**、日本が**軍事的に支配できているのは南満州だけ**。北には**ロシアの大軍がいる**。これらの条件を勘案《かんあん》すれば、満州の鉄道経営を日本だけでやろうとするのは無理があり、**アメリカを入れておいたほうがいい**と考えた。〉（『日本の敵　グローバリズムの正体』飛鳥新社　114p）

明治の元勲たちは、「アメリカと一緒にやったほうがいい」と判断したのですね。

しかし、時の日本政府は、「アメリカを利権から追い出す」と決めた。

これについて渡部先生の意見は？

左から、第11・13・15代内閣総理大臣・桂太郎、アメリカの実業家エドワード・ヘンリー・ハリマン、第18・23代外務大臣・小村寿太郎

〈あの時、**仮条約を取り消したことが、決定的でした。アメリカを敵に回す羽目になったからです。**〉(同前115P)

う〜む、日本がアメリカを敵にしたのは、**日米開戦の三六年も前に起こったこの出来事が原因だ**というのです。

馬渕先生は、この件についてどうお考えなのか?

〈**ハリマンを袖にしたことが、アメリカとの戦争につながる**わけですね。一九〇五年にポーツマス条約で日露戦争の和解仲介をしたアメリカは、わずか二年後の**一九〇七年には対日戦争計画「オレンジ・プラン」の策定を開始**します。次の戦**争相手を日本に定め、準備にとりかかった。**〉(同前115P)

なんと!

アメリカは、日米開戦の三四年も前に「対日戦争計画」をつくりはじめ、戦争準備を開始した。

なにはともあれ、日本は、日ロ戦争時多額の資金援助と和平の仲介をしてくれたアメリカの恩に報いなかった。

そして、アメリカの国益を尊重しなかった。

その結果アメリカは激怒し、「**対日本戦略**」(日本との戦争に勝つためのプラン)を策定した。


以後の歴史は、第9の原理どおり、つまり「**アメリカの戦略どおり**」に進んでいきます。

一九一四年、第一次世界大戦勃発。

イギリスは、同盟国日本に、「陸軍を欧州に派兵してくれ!」と何度も要請しました。

しかし、日本はこれを断り、一兵も送らなかった(海軍は出したが)。

イギリスは、「日ロ戦争のとき、わが国は日本を助けた。そしてイギリスはいま、存亡の危機にある。日本は、歴史上もっとも困難なこの時期に、イギリスを見捨てるのか!」と深く失望しました。

一方、アメリカは、全力をあげてイギリスを支援。

南北戦争以来はじめて徴兵制を復活させ、次から次へと兵力を欧州に送りつづけました。

第一次世界大戦前、日本とイギリスは、同盟国。

イギリスとアメリカは同盟国ではない。

つまり、日英関係は、英米関係より、強固だった。

ところが、第一次世界大戦時の態度の差が、これを逆転させてしまいます。

以後、アメリカとイギリスは、一体化して、日本を追いつめていくことになるのです。

一九二一年、日英同盟の破棄が決定されます。

一九二二年、「ワシントン海軍軍縮条約」で、日本の戦艦保有数は、「米英の六割」と決められました。もちろん、アメリカとイギリスは結託していた。

一九二三年、日英同盟失効。

以後、日本は、迷走をつづけながら、次第に世界から孤立していきます。

そして、一九三七年に日中戦争がはじまったとき、中国は、なんとアメリカ、イギリス、ソ連から支援を受けていた。

つまり、日中戦争は、**日本対アメリカ、イギリス、ソ連、中国の戦い**だったのです。

こんなもん、勝てるはずがありません。

アメリカの「一極支配」戦略

「戦略国家」アメリカは、こうして日本、そしてナチス・ドイツに完勝しました。

第二次世界大戦後の世界は、みなさんもご存知のように、「米ソ冷戦時代」(二極時代)になっていきます。

アメリカは、当然新たな戦略を構築しました。

どのような？

日本を代表するリアリスト、伊藤貫《いとうかん》先生の著書から引用します。

〈冷戦時代（一九四七～八九年）、世界が二極構造であった時期のアメリカのグランド・ストラテジーは、「ユーラシア大陸の三重要地域（西欧、中東、東アジア）を米軍が支配することによって、ソ連陣営を封じ込めておき、アメリカが世界を支配する」というものであった。〉（『自滅するアメリカ帝国――日本よ、独立せよ』伊藤貫　文春新書　7～8p）

これは、わりと知られていますね。

この戦略がうまく機能し、ソ連と共産陣営は崩壊した。

見事です。

そして、「冷戦」（米ソ二極時代）は終わり、あらたな時代が到来しました。

新しい時代には、「新しい戦略」が求められます。

「冷戦後のアメリカの戦略」とはなんなのか？

〈一九九一年秋にソ連が崩壊すると、アメリカ政府は即座に次のグランド・ストラテジーを構想した。それは「**国際構造の一極化を進める**。今後はアメリカだけが、世界諸国を支配する**経済覇権と軍事覇権を握る**。〉（同前8p）

「国際構造の一極化を進める」と。
そのためには、どうすればいいのか？
そう、第二章を読まれたかたは、もうわかりますね。
「金力」(経済力)と「腕力」(軍事力)の覇権を握る。
さらに、驚くべき話がつづきます。

〈アメリカに対抗できる能力を持つ**ライバル国の出現を許さない**。冷戦終了後も、第二次大戦の敗者である**日本が自主防衛能力を持つことを阻止する**」というものであった。〉(同前8p)

なんと！
一九四五年から冷戦が終わった一九九一年まで、忠実にアメリカに仕えてきた日本。
そんな日本に対しても、「自主防衛能力を持つことは許さない！」と。
ところで、この驚くべき「大戦略」は、本当に存在するのか??
そんな疑問を持ったあなたのために、つづきがあります。

〈(この戦略案——ペンタゴンの機密文書Defense Planning Guidance——は一九九二年三月、ニューヨーク・タイムズとワシントン・ポストにリークされて、国際的なスキャンダルとなった。〉

米政府（民主・共和両党）は、この「世界一極化戦略」を着々と実行していった。〉（同前8ｐ）

どうやら、本当に存在するようです。

ところで、アメリカは、冷戦終結後も日本が「自主防衛能力を持つこと」を阻止する。

まだまだ、驚くべき話があります。


〈この機密文書の中でアメリカの潜在的な競争国（もしくは敵性国）として描かれていたのは、ロシア、中国、**日本**、ドイツ、の四国であった。〉（同前62ｐ）

なんということ！

アメリカにとっての**日本は、ロシアや中国と並んで、「仮想敵」（！）**なのです。

ドイツ人も驚いたことでしょう。


〈前年に軍事帝国が崩壊したばかりのロシアと二年半前に天安門虐殺事件を起こした中国が、アメリカの「潜在的な競争国・敵性国」と定義されていたことは納得できるが、すでにほぼ半世紀間も「アメリカの忠実な同盟国」としての役割を果たしていた**日本**とドイツが、米政府の機密文書において冷戦後のアメリカの**潜在的な敵性国**と描写されていたことは、「外交的なショック」（ワシントン・ポスト紙の表現）であった。〉（同前62ｐ）

どうですか？

冷戦後のアメリカの戦略は「**アメリカだけが世界を支配する状態をつくるため**」にある。

「**世界の『出来事』は、国の戦略によって『仕組まれる』**」のです。

そうなると、新世紀に入って起こったさまざまな出来事、「イラク戦争」「ロシア―グルジア戦争」「リビア戦争」「シリア内戦」「イラン問題」「ウクライナ内戦」などなども、「アメリカの戦略によって起こっているのではないか？」と疑ってかかる必要がある。

もちろん、アメリカだけでなく、中国には中国の、ロシアにはロシアの戦略があるので、注意深く見る必要がありますが……。

日本人の知らない

Методология Кремля

クレムリン・メソッド

第10の原理 戦争とは、「情報戦」「経済戦」「実戦」の三つである

第10の原理の意味は、

実際の「殺戮《さつりく》戦」だけでなく、「情報戦」「経済戦」も「戦争」として捉えなければいけない、

ということです。

これは、私たち「平和ボケ」日本人が、絶対に知っておくべき大切な原理です。

日本人は、「戦争」とは「**実際に武器を使って殺しあうことだけ**」と考えている。

そうではありません。

武器を使って殺しあう前にも、その最中にも、「**情報戦**」**という別の**「**戦争**」が行われます。

では、「**情報戦**」**の目的とは？**

「**わが国は『絶対善』であり、敵国は『絶対悪』である」と国内外に信じさせる**こと。

するとと？

情報戦争①――国民を「洗脳」する

その効果は、「対国内」と「対国外」（対国際社会）で、わけて見る必要があります。

まず、対国内。

日本に限らず、私たち一般民衆は、もちろん「戦争」なんてしたくありません。

普通は、自分の生活のことで精一杯。

「どうすれば出世できるか？」

「あの子を、うまいこと口説くには……」

「子供の学校は、A校にしようか、B校にしようか……」

「最近、腹出てきたな……」

などなど。

抽象度の低いこと、具体的なこと、自分の生活に関わることを、主に考えている。

だから、「自分の生活を破壊する可能性がある戦争」なんて、ふだんはだれも真剣に考えないし、だれも望みません。

なので、世界中のどの国でも、戦争をはじめるかなり前から「**敵は悪魔のような国である**」「**放置しておけば、必ずわが国はひどい目にあう**」と大々的にプロパガンダして、国民(国内)を信じさせなければならない。

そして、国民から「戦争をするお墨付き」をもらうために、国民に「戦争することへの動機付け」を与えなければならない。

実は、最初から「国家」に「戦争の意図」がある。

しかし、国民があたかも「**自ら望んで戦争する**」ように、スマートに誘導していかなければならない。

要するに、まず**国民を「プロパガンダ」によって「洗脳しておく」必要がある**のです。

情報戦争②——国際社会を「洗脳」する

次に「対外国」(対国際社会)。

実際の戦争の前には普通、「わが国は『絶対善』であり、敵国は『絶対悪』だ」という情報戦が行われます。

たとえば、アメリカがイラクを攻める前に、「フセインは、大量破壊兵器を保有している。アルカイダを支援している。悪魔のような存在だ」とプロパガンダする。

リビア攻撃をする前に、「カダフィは最悪の独裁者だ」とプロパガンダする。

「シリアのアサド軍は、『化学兵器』を使っている!」とプロパガンダする。

「イランは、『核兵器』を保有しようとしている!」とプロパガンダする。

そうやって「国際世論」を味方にしようと試みます。

つまり、「情報戦」というのは、「**情報戦争**」と「強く認識」しなければならない。

「**情報戦**」**はすでに「戦争の一環」**なのです。

少なくとも、「**日本以外の国々**」**は「そういう意識**」でいる。

戦争だから、「客観報道」とか、「事実だけを報道する」とかいってられない。はっきりいえば、**「ウソを一〇〇万回いって、国民と国際社会を信じさせるべし」**という明確な意図を持ってやっている。

そのことを私たちは知っておく必要があります。

私たちは、疑問に思います。

なぜ、中国や韓国は、日本に関する大ウソを、堂々と世界に流布することができるのだろう?

そのことで、私たち日本人はとても傷ついている。

しかしそうではなく、中韓の人々は「**俺たちは戦争している**」という明確な意識を持っていることを、私たちは認識しなければなりません。

「殺戮戦争」の前に、「経済戦争」で、できるだけ相手を弱らせておく

めでたく(?)「情報戦」で優位に立ったら、今度は、「**経済戦**」がはじまります。

そう、「**経済戦**」とは、「**経済制裁**」のことです。

こうやって、実際の戦争がはじまる前に、敵国の経済基盤を破壊し、戦争遂行能力を弱めてお

くのです。

経済が破壊されれば、金がなくなる。

金がなくなれば、武器が買えなくなり、兵士を雇えなくなり、軍隊が弱くなります。

何はともあれ、実際の戦争がはじまる前に、「情報戦」があり、「経済戦」があり、ようやく「戦争」に突入する。

もちろん、「戦争」の最中も、「情報戦」「経済戦」は継続されます。


現時点でもっともわかりやすい例は、欧米、ロシア、ウクライナの関係ですね。

欧米では、「プーチンはヒトラーの再来だ！」という強力なプロパガンダが行われています。

一方ロシアでは、「ウクライナ軍は、同国東部のドネツクやルガンスクなどで民間人を大量虐殺している！」と、毎日毎日報道しつづけています。

そして、欧米＋日本は、ロシアに経済制裁をしている。

ロシアも、報復制裁を実行しています。

大変にわかりやすい実例です。

生き残りのためには、まず「情報戦争」で「勝つ」

「情報戦」「経済戦」の重要性を理解していただくために、わが国の例をあげておきましょう。

いま日本人は、ようやく「自虐史観」から脱却しつつあります。

メルマガや自著のなかで、一貫して「脱自虐史観」を主張してきた私は、とても喜んでいます。

しかし、日本人は、**急いで「次の段階」に進まなければなりません。**

私は、「自虐史観」には反対ですが、だからといって、「自虐史観から脱却すれば、すべてがうまくいく」とも思っていません。

もし、これを読んでいるあなたが、そういう思想(脱自虐史観＝すべてうまくいく)の持ち主であれば、以下について考えてみてください。


戦前の日本人は、『自虐史観』を持っていたか?


もちろん、持っていませんでした。

それとは真逆で、「**日本は神の国**」と信じていた。

これ以上高いセルフイメージがあるでしょうか?

実際、日本には、そう考えたくなる実績もありました。

明治維新後、「日清戦争」「日ロ戦争」「第一次世界大戦」と、大きな戦争で奇跡的に三連勝している。

そう、日本には戦前、「**自虐史観**」**などなかった。**

でも、**日本は戦争(第二次世界大戦)に勝てたのですか？**

「自虐史観」がなければ「すべてうまくいく」のであれば、前回の戦争だって勝てたはずです。

ところが**結果は、「完敗」です。**

この事実は何を意味しているかというと、**「脱自虐史観」は必要だが、それだけでは、不十分である。**

では、**「次の段階」**とは何か？

第二次世界大戦で負けた理由を、徹底的に分析し、いまに活かす。

そして、今度は(できれば、実際の戦争をせずに)勝つ。

それこそが**日本を守るために命を捨てて戦ってくれた先人に対する「真の弔《とむら》い」です。**

さて、**情報戦。**

ここまで、日本が第二次世界大戦で負けた遠因は、なんと一九〇五年までさかのぼるという話をしました。

次に中国の話をしましょう。

既述のように、日本が中国に負けたのは、中国がアメリカ、イギリス、ソ連から支援を受けて日本と戦っていたから。

なぜ、そんなことになったのか？

実は、日本が**中国に「情報戦で負けた」**ことが、大きな理由なのです。


「田中上奏文《じょうそうぶん》」をご存知でしょうか？

外国では**「田中メモリアル」**として知られています。

一九二七年、当時の田中義一《たなかぎいち》首相が、天皇陛下に上奏したとされる「怪文書」です。

なんと、「田中首相が、天皇陛下に**『世界征服計画』**を提出した」というのです。

よく知られた一節。


〈シナを征服せんと欲《ほっ》せば、先《ま》ず満蒙《まんもう》を征せざるべからず。

世界を征服せんと欲せば、必ず先ずシナを征服せざるべからず。〉

つまり、日本が世界を征服するためには、

① 満州《まんしゅう》および内蒙古《うちもうこ》を征服する
② 次に中国を征服する
③ そして世界を征服する

まことにバカバカしい「偽書《ぎしょ》」なのですが、これを中国は一九二九年ごろから組織的に全世界にばら撒いていった(まさにプロパガンダですね)。

だれがこの文書をつくったのか、いまだに真相は謎ですが、中国はこれをフル活用しました。英語、ロシア語、フランス語、ドイツ語、中国語に翻訳され、全世界に流布していきます。

これに大きな役割を果たしたのが、各国の共産党でした。

しかし、どう見ても「偽書」なので、当時の日本外務省は抗議。

その結果、中国国民党政府も「田中上奏文」が「偽書」であることを認め、一九三〇年四月、機関紙「中央日報」に、そのことを掲載しました。

つまり、**中国も「上奏文」は「ウソである」ことを知っていた**のです。

しかし、その後の日本は、あたかもこの「上奏文」に沿っているかのような行動をとります。

そう、**一九三二年に「満州国」を建国**した。

国際連盟は、「満州国ってどうよ?」ということで、イギリス人リットンさんを団長とする調査団を派遣します。

リットン調査団は報告書を作成。

そして、一九三二年一一月、「満州国問題」を検討する「国際連盟理事会」が開かれたのです。

そこで、中国側の代表は、最初から、すでに「偽書」と認定されている「田中メモリアル」の有名な一文を読み上げました。

第63代外務大臣・松岡洋右

〈シナを征服せんと欲せば、先ず満蒙を征せざるべからず。世界を征服せんと欲せば、必ず先ずシナを征服せざるべからず。〉

「みなさん、これ(満州国建国)は日本の「世界征服計画」のはじまりです。

日本は、この計画に従い、まず満州を征服した。

そして、次に『中国全土の征服』を目指すことでありましょう。

その次は、いよいよ『世界征服』です。

いまここで日本をとめなければ、あなたの国も必ず日本の支配下に入ることでありましょう！」


この会話部分は私の想像ですが、中国の代表が、例の「田中メモリアル」を引用し、「これは日本の世界征服のはじまりだ！」とプロパガンダしたことは事実です。

これに対し、日本の松岡洋右《まつおかようすけ》・全権特任大使は、会場内でたった一人、全世界を敵に回しながら、堂々とした態度で反論します。

「田中上奏文などというものは存在しない。

それがホンモノであるというのなら、中国は証拠を提示せよ！」

これに対して、中国代表は、

「田中メモリアルの原本など、日本の皇室関係者でもなければ、入手できない。

だから、そんなものは提示できない。

しかし、証拠はある。

日本がいまやっていることは、田中メモリアルに書いてあるそのとおりではないか？

証拠はないが、あんたたちがやっていることこそ、**田中メモリアルが真実である証拠だ！**」

「尖閣」「沖縄」をめぐる「日中戦争」はもう始まっている

中国人は、いまも昔も、口が達者です。

結局この問題はどうなったのか？

リットン調査団の報告をもとに、国際連盟で勧告案が作成された。

そして、一九三三年二月、総会で採決が行われたのです。

結果は、**四二か国が満州国建国に反対**（つまり勧告案に賛成）。

満州国建国に賛成は、日本わずか一国。

結果に激怒した日本は、なんと「**国際連盟**」**を脱退**してしまいました。

私たちは、「なんでこうなったのか？」と考えてみる必要があります。

一九三三年といえば、日中戦争開始の四年前、太平洋戦争開始の八年前。

この時点で、日本はすでに**国際的に孤立し**、「**勝てない戦**」**に突入していった**ことが見えるのです。

つまり、日本は、**実際の戦争で負ける前に**、「**情報戦**」**で完璧に負けていた**。

それは、要するに「**情報戦＝すでに戦争の一部である**」**という認識が全然なかった**からでしょう。

なぜ、このことをいまの日本人は知っておく必要があるのか？

そう、まさに現在の中国の戦略は、「**中米ロ韓で『反日統一戦線』をつくること**」でした。

そのために、中国は、全世界で「反日プロパガンダ」を大々的に展開している。

別の言葉で、「**情報戦**」**を仕掛けている**。

これは、正しい認識としては、「**尖閣、沖縄をとるための戦争の一環**」ということです。

つまり、

戦争はもうはじまっている

のです。

こんなことを書くと、また「平和ボケ」の人から、「戦争を煽《あお》るな！」と批判されそうですが。

中国は、現在日常的に「領海侵犯」「領空侵犯」を繰り返している。

全世界で、「日本は尖閣ばかりか沖縄の領有権もない！」と宣伝している。

それでも、「平和ボケ」の人たちは再び「いや！　中国は平和的台頭を宣言している。脅威ではない！」などというのでしょうか？

日本人の知らない
第11の原理

「イデオロギー」は、国家が大衆を支配する「道具」にすぎない

Методология Кремля

クレムリン・メソッド

「イデオロギー」の違いは、「頭痛薬」と「胃薬」の違い程度のもの

人は毎日、膨大な情報に接しています。

その九〇%、いや九九・九九%は、速やかに、あるいはゆっくりと忘れ去られていく。

でも、なかには一度耳にしただけで脳に強烈に刻印され、一生涯忘れられないものもあります。

「クレムリン・メソッド」最後の、第11の原理、

「イデオロギー」は、国家が大衆を支配する「道具」にすぎない。

これを私に教えてくれたのは、私の大恩人の一人、ロシア人の「X氏」でした。

私は、そのときの状況を、いまも脳内映像で鮮やかに見ることができます。

その日、私と日本人の親友Y氏は、X氏のオフィスでテレビを見ながら夕食を食べていました。

テレビでは、「経済討論」が行われていた。

討論のなかで、一人の専門家が、「ロシア経済を復活させるためには、公共事業などを中心とする『ケインズ的』アプローチが必要だ」といいました。

もう一人の学者は、「ロシアの問題は、国が経済に介入しすぎることだ。民営化、自由化、規制緩和を大胆に実行すべきだ」と、「新自由主義的」主張をしていました。

私はX氏に質問しました。

「あの二人のいうこと、いったいどっちが正解なんですか？

つまり、経済復活のために『ケインズ』がいいのか、『新自由主義』がいいのか？」

するとX氏は、にっこり笑っていいました。

「『ケインズ』と『新自由主義』の違いは、『頭痛薬』と『胃薬』の違いと同じだ。

経済の病状によって、使いわけければいいだけだ。

巷《ちまた》では、**『頭痛薬』と『胃薬』どっちが『万能薬』か？　という論争を何十年もつづけている**
けれどな」

私は、心から納得しました。

つづいてX氏は、次のような忘れられないことをいったのです。

「妄信するべからず。

『イデオロギー』とは、国家が大衆を支配するための『道具』にすぎない」

そして、この言葉は、永遠に私の脳に刻まれることになったのです。

しかし、そういっても、みなさんは私と同じインパクトを受けないかもしれません。

解説しましょう。

「共産主義」など信じていなかったソ連共産党のリーダーたち

私は、モスクワ国際関係大学に入った一九九〇年と翌九一年、大学のすぐ隣にある学生寮に住んでいました。

ルームメイトは、セルゲイ君(愛称を「セリョージャ」といいます)。

彼はウクライナ人ですが、当時はロシア人もウクライナ人も「同じソ連人」という意識でした。

一九九一年一二月、ソ連が崩壊した。

私は、セリョージャに聞きました

「ところで、君はいつまで共産主義を信じてたんだ?」

彼は、少し考えてから、**「ソ連が実際に崩壊するまで、万人平等の共産主義世界ができることを信じていた」**と断言しました。

興味深いですね。

ソ連経済は、一九九〇年代はじめには、ボロボロだった。

トイレットペーパーを買うのに、二時間も行列に並ぶ必要がある。

それでも彼は、子供のころから洗脳されてきたイデオロギーを信じていたのです。

私は当時、いろいろな学生たちに、同じ質問をしました。

すると、驚いたことに、大部分の学生(特に旧ソ連人)たちが、「ソ連崩壊まで共産主義を信じていた」と答えたのです。

ソ連崩壊後、即「民主主義」に転向した旧ソ連共産エリートたち

一方、「共産主義」という「宗教」を全然信じていない人たちもいました。

それが、「共産党」のリーダーたち、なんと「ソ連の支配者層たち」です。

たとえば、「ロシアを代表する民主主義者」と聞いて、思い浮かぶのは故エリツィン元大統領でしょう。

彼は、はたして民主主義者だったのか？

経歴を見てみましょう。

一九三一年生まれ。

一九六一年、ソ連共産党に入党。

一九七六年、スヴェルドロフスク州党第一書記に就任。

一九八一年、ソ連共産党中央委員。

一九八五年、ソ連共産党政治局員候補兼中央委員会書記。

一九八五年一二月、モスクワ党第一書記。

こう見ると、「民主主義者」エリツィンは、かつてバリバリの「共産党エリート」だったことがわかります。

その後、ソ連はゴルバチョフの「ペレストロイカ」によってボロボロになり、崩壊への道をまっしぐらに進んでいきます。

エリツィンはその後、ゴルバチョフや彼の側近との対立を強め、一九八七年、モスクワ党第一書記を解任されます。

しかし、一九八九年には、人民代議員として政界に復帰。

一九九〇年には、ロシア共和国最高会議議長、一九九一年にはロシア共和国大統領に。

そして、一九九一年一二月にソ連が崩壊すると、新生ロシアの初代大統領になりました。

このころ、エリツィンは、「民主主義の英雄」として、確固たる名声を得ていました。

ロシア連邦初代連邦大統領ボリス・エリツィン(左)と、ソビエト連邦初代大統領ミハイル・ゴルバチョフ(右)

私は、何がいいたいのか?

ソ連崩壊後、巨額の富を得たり、不思議なことにそのまま高い地位に居残った人の多くは、「共産党の元エリート」だったということです。

彼らは、**「共産主義」を電光石火の速さで捨て去り、一夜にして「民主主義者」に転向した。**

なぜ、そんなことができたかというと、**「はじめから共産主義を信じていなかった」**から。

そう、彼らはX氏がいうように、**共産主義という「イデオロギー」を「大衆コントロールの道具」として使っていただけ。**

自分自身は信じていなかった。

日本人にはほとんど信じられないでしょうが、これは「事実」です。
損をしたのは、セルゲイ君のように、「共産主義」を純粋に信じていた国民です。

自国の一極支配を正当化する、アメリカのトンデモ「後づけイデオロギー」の数々

「ふっ！
そんな、共産主義国の例を出されてもねぇ。
民主主義先進国で広がっている『理論』『主義』は、完璧かつ真実なのですよ。
特殊例を『一般化』しないでいただきたい！」
こんな反論が出るかもしれません。
では、アメリカについて考えてみましょう。
しかし、その前にもう一度、私がいいたいことを確認しておきます。
X氏はいいました。
妄信するべからず。
「イデオロギー」は、支配者が大衆をコントロールするための道具にすぎない。
こういうとき、「イデオロギー」とは当然「ネガティブ」な意味を持っています。

しかし、信じている人たちにとっては、「絶対的な真実」「事実」である。

たとえば、共産主義者は、「人類の歴史は、『階級闘争』の歴史である」といいます。

そして、「奴隷所有者と奴隷の戦い」「地主と農奴《のうど》の戦い」「資本家と労働者の戦い」というパラダイムで、人類の歴史を解説し、理解していく。

ソ連や、共産国家の人たちにとって、この歴史観は「絶対的真実」だった。

ところが、信じていない人にとっては、共産党のリーダーたちが大衆をコントロールするための「イデオロギー」(必ずしも真実とは限らない)にしか見えないわけです。

繰り返しますが、X氏がいわんとしたことは、

「○○主義、○○理論、○○思想などは、真実とは限らない。

世界や国の支配者たちが、大衆をコントロールするために利用しているだけかもしれないから、盲目的に信じるな」

ということなのです。

つまり、こういうことです。

もともと、国家(やリーダー)には「大衆をたくみに支配したい」という目的、意図がある。

そのために、「理論」「主義」「思想」「イデオロギー」などを考える。

(あるいは、すでに存在する理論を利用する)


では、アメリカの話。

すでに引用させていただいた（P.306）、日本を代表するリアリスト伊藤貫先生の本に、興味深い記述があります（太字筆者）。

〈冷戦後のアメリカが、世界の百三十数ヵ国に七百以上の軍事基地を運営して世界覇権を握り続ける、という巨大な費用のかかるグランド・ストラテジーを実行するためには、何らかの「**新しい外交理論**」**の知的装飾が必要**であった。〉（『自滅するアメリカ帝国――日本よ、独立せよ』伊藤貫　文春新書　82p）

どうですか、これ？

最初に、「大金のかかるグランド・ストラテジーを実行する」という**目的があった。**

それを正当化するために、「**後から、外交理論を考えた**」というのです。

わかりますね。

「世界の現象を真剣に研究していたら、こうなっていることを発見した。だから、こういう理論ができた」のではない。

最初に、「**俺たちは、世界を支配したい。だが、国民が納得し、反発しないように、うまい口実が必要だ**」「**学者たちに、なにか美しい理論を考えさせよう**」と。

だいたいこんなふうに、「イデオロギー」はできる。

あるいは、すでにこの世に存在している、「理論」「主義」「思想」を使って、目的達成のために利用することもあります。

さて、アメリカのエリートたちは世界を支配するために、どんな理論、イデオロギーを考え出したのか？　あるいは、すでにあった理論をどのように利用したのか？

〈そこでネオリベラル（新自由主義者、民主党系）とネオコン（新保守主義者、共和党系）と呼ばれる政策グループが考えだしたのが、以下四種類の、表面的な説得力を持つ「新しい外交理論」であった。——①**デモクラティック・ピース・セオリー**、②**デモクラシー・ユニバーサリズム**、③**主権制限論**、④**ヘジェモニック・スタビリティ・セオリー**。〉（同前82p）

この四つを聞いて、「そういえば……！」と思う人もいるでしょう。

あるいは、「横文字ばかりでようわからん」と思う人もいるでしょう。

簡単に解説しておきます。

①　デモクラティック・ピース・セオリー

「民主主義諸国は、お互いに戦争しない」「民主主義国の外交政策は、平和愛好的である」という理論。

この理論について伊藤先生は、第二次世界大戦後の西欧地域においては「正しい理論」としています。

しかし、
●比較的最近民主化された国々(バルカン半島諸国とコーカサス地域諸国)は、数多くの軍事紛争を起こしている(つまり民主主義国同士でも戦争する)。
●この理論によれば、「平和友好的」であるはずの民主主義国家アメリカが戦争を繰り返している(例、ユーゴ空爆、アフガン戦争、イラク戦争、リビア戦争、イスラム国空爆等々)。
この二つの理由から、伊藤先生は、「デモクラティック・ピース・セオリー」について、以下のような結論を出されています。

〈一九八〇年代に反帝国主義的な民主党左派の学者が唱え始めたデモクラティック・ピース・セオリーは、一九九二年以降、攻撃的な一極覇権戦略をプロモートするネオリベラル、ネオコン、イスラエル・ロビーの三勢力にハイジャックされてしまい、最近のアメリカの帝国主義的な外交政策を正当化する「理論的な根拠」として利用されている。〉(同前86p)

X氏は、「イデオロギーは国家が大衆をコントロールするための道具にすぎない」といった。
この場合は、『イデオロギーは、アメリカが世界を支配するための道具にすぎない』といえるでしょう。

② デモクラシー・ユニバーサリズム

「民主主義は普遍的な価値観である」
「民主主義は、世界中の諸国で採用されるべき普遍性を持つイデオロギーである」
という理論。
これ、普通の日本人であれば、「え？　そうじゃないの？」と思うでしょう。
私だってそう思います。
世界には、大きくわけて二つしか政治体制がない。
つまり、「民主主義」と「独裁」です。
私は、民主主義の日本から、独裁国家のソ連に渡った。
だから、民主主義と独裁、その両方を知っています。
そして、「どう考えても民主主義のほうがいい」と確信している。
しかし、問題は、「民主主義のほうがいい」という点ではありません。
「支配者がこのセオリーをどう利用しているのか？」です。
伊藤先生は、こう書いておられます。

〈（アメリカやイスラエルは、自国にとって**都合の悪い独裁国**――イラン、シリア、リビア、サダム・フセイン時代のイラク、キューバ等――の民主化を声高に主張してきたが、自国にとって**都合の良い独裁国――ヨルダン、サウジ・アラビア、クェート、バーレーン、モロッコ、アルジェリア、イエメン、アゼルバイジャン等――の民主化を要求しない。**）〉（同前87～88ｐ）

つまりアメリカ政府は、「**反米的な独裁国家に対してだけ、『デモクラシー・ユニバーサリズム』を利用し、親米的な独裁国家については、『デモクラシー・ユニバーサリズム』を適用しない**」と。

こういう「ダブルスタンダード」がある限り、アメリカのいうことは「インチキだ」といわれても仕方ありません。

③ 主権制限論

どの国にも主権はあります。

しかし、ある国の支配者が、自国民を大量虐殺したり、大量破壊兵器を保有したり、あるいは、保有しようとしたりすることがある。

この場合、国連や先進民主主義諸国は、これら「ならず者国家」に対して、「軍事力を行使する権利を持つ」という理論。

つまり、ならず者国家の「主権は制限されるべきだ」と。

伊藤先生はこれについて、「三六〇年間維持されてきた国際法の重要なルールを覆す理論だ」とされています。

〈この主権制限論は、一六四八年のウェストファリア条約から現在まで約三百六十年間維持されてきた国際法の重要なルール――「独立国の内政に干渉しない。独立国の国内行動や政治体制を理由

として、他国が一方的に武力行使してはならない」というルール——を、根底から覆してしまう理論である。〉（同前96ｐ）

もちろん、どこかの国の独裁者が自国民を大量虐殺していれば、「介入」したくなるのが、人情でしょう。

ただ、ここまで読まれたみなさんは、真実を知っている。

「フセインはアルカイダを支援している」「大量破壊兵器を保有している」は、「ウソ」だった。

オバマは、「シリアのアサドは化学兵器を使っている」「レッドラインを越えた！」「だから攻撃しなければならない」と叫んでいた。

その一方で、国連からは、「化学兵器を使ったのは、アサドではなく『反アサド派だ』」という報告書が出ていた。

この件でも、アメリカは、「自国の国益のために、『主権制限論』を『道具』として利用しているだけなのでは？」と突っ込まれても仕方ないでしょう。

④　ヘジェモニック・スタビリティ・セオリー

「ヘジェモニック」とは日本語で「覇権的な」、「スタビリティ」とは「安定性」という意味。

要するに、「**覇権国家が強力であれば、世界は安定する**」と。

私は、これは「そのとおり」な部分もあると思います。

アメリカの国際政治学者
ジョン・アイケンベリー

というのは、ソ連が強かったころ、(国民が幸福だったかどうかは別にして)共産陣営は確かに安定していた。

ところが、ソ連が崩壊すると、旧共産陣営は大混乱になり、あちこちで紛争が多発するようになりました。

とはいえ、問題は、アメリカが世界一極支配を正当化するために「**ヘジェモニック・スタビリティ・セオリー**」を利用していることにある。

この理論を熱心に主張するジョン・アイケンベリーという国際政治学者がいます。

アイケンベリーさんはいいます(後ろのカッコ内の言葉は、私、北野のコメント)。

「**アメリカの覇権はリベラル(自由主義的)な覇権であり、国際法と国際組織の制度的な制約を受け入れている抑制的で非拡張的な覇権である**」

(北野:国連事務総長のアナンさんは、「イラク戦争は国際法違反だ」といってますが……)

「**他の諸国は、アメリカの覇権を恐れる必要がない**」

(北野:アフガン、イラク、シリア、イラン、リビアなどイスラム諸国は、恐れていると思いますが。もちろん、ロシア、中国、北朝鮮なども恐れているでしょう)

「**アメリカは善良な覇権国家である**」
（北野：そう考えている人は、アメリカ人以外にほとんどいないと思います）
「**アメリカのリベラルで成熟した外交政策に、世界諸国は進んで協力する**」
（北野：アフガン、イラク、リビア戦争に、ほとんどの国は進んで協力したのではないと思いますが）

このような、非常識で「現実離れしたアメリカ観」で政策が行われた結果、アメリカと世界はどうなったか？
伊藤先生は、

① イラク、アフガニスタン、パキスタン、イエメン、ソマリアなど、複数のイスラム教諸国と長期的なゲリラ戦の泥沼状態に陥った。
② 世界一五億人のイスラム教徒を反米にしてしまった。
③ 再び、ロシアと勢力圏争いがはじまった。
④ 世界的金融大恐慌を引き起こした。
⑤ ドルを三年間で二兆ドルも増刷し、国際通貨システムを混乱させた。
⑥ 北朝鮮の核弾頭増産を許した。

⑦　中国の大軍拡阻止に失敗した。

などと指摘し、「ヘジェモニック・スタビリティ・セオリー」は、「どの程度の『現実性』を持つ外交理論なのか」と疑問を呈しておられます。

第11の原理、「**『イデオロギー』は、国家が大衆を支配する『道具』にすぎない**」が、あなたの知らなかった「世界のほんとうの姿」の一つであること、ご理解いただけたのではないでしょうか？

クレムリン・メソッドを身につける方法

これで、「『クレムリン・メソッド』世界を動かす11の原理」は終わりです。

もう一度簡単に復習してみましょう。

第一章では、「世界を大局的に見るための原理」を理解していただいたことでしょう。

これであなたの視野は、一気に「世界的」な広さになりました。

さらに、「過去」「現在」をベースに「未来」を見られるようになりました。

第二章では、「大国を動かす真の動機『国益』」について理解していただけたと思います。「金儲け」「安全の確保」「資源」「通貨」等。

主に「大国」の話をしましたが、実をいうと、個人でも、会社でも、まず「自分の利益」「会社の利益」を求めて動いている(もちろん、「だれもがいつもそうだ」とはいいません)。

第二章で理解したことは、あなたの人生や仕事にも役立つはずです。

あなたは、まわりの人、家族、会社の上司、同僚、部下、顧客などのことが、もっと深く理解できるようになるでしょう。

第三章は、主に「すべての情報は意図的に『操作されている』」ことを説明してきました。そのため、大国の真の動機が、私たちには複雑怪奇で見えにくくなっている。

「真実」「本音」が見えないよう、「洗脳」「プロパガンダ」が常に行われている。

これも「大国」の話を中心にしましたが、「本音」を隠すのは、大国だけとは限りません。個人でも企業でも、都合の悪い真実を隠すために、「建前」「キレイゴト」が使われます。

この章を読んで、あなたはもっと冷静でバランスのとれた判断ができるようになるでしょう。

こうして、「**世界的視点**」「**歴史的視点**」「**(国、会社、個人など)各主体の利益からの視点**」「**洗脳、プロパガンダから解放された視点**」を理解していただけたのではないでしょうか。

きっとまだ、実感はわかないと思います。

しかし、理解が深まるにつれ、変化が自覚されていくと思います。

世界情勢ばかりでなく、経営でも、投資でも、日常生活でも、あなたは「**未来を見通せる感覚**」を経験するようになると思います。

「……そういったって、一一もの原理なんか覚えられませんよ。

原理が一つか二つだったらいいのですが……」


では次に、「クレムリン・メソッド」の諸原理を身につける方法についてお話しします。

この本は、一度読んだだけでも、きっとあなたに大きな変化をもたらすはずです。

いわゆる「パラダイム・シフト」が起こるので、読む前と読んだ後では、世界が違って見えることでしょう。

ニュースを見聞きしても、昨日までとは違った感覚があるはずです。

そして、世界で起こっていることが、なんとなくわかるようになっていることでしょう。

それでも、できれば「バッチリ」身につけたほうがいいことに変わりありません。

本書に限らず、あなたが気に入った書物の内容を身につける最適な方法があります。

それは、その本を「**繰り返し読む**」こと。

たとえば、ユダヤには、「三日、タルムードに触れない者は、ユダヤ人ではない」ということわざがあります。

要するに、ユダヤ人は、「タルムードを毎日読め！」といっている。

毎日読んでいれば、何か判断を迫られたとき、「タルムードにはなんと書いてあったかな？」と自動的に考えるようになります。

（実際、ユダヤ人が大成功する秘密は、「タルムードにある」と私は考えています）

また、熱心なキリスト教徒は、毎日「新約聖書」を読みますね。

それで、何か判断をするとき、「イエス様だったら、どうしろというだろう？」などと考える。

また、明治の大実業家、渋沢栄一は、孔子《こうし》の「論語」を、生涯学びつづけていました。

そして、お金を稼ぐにしても、「論語」の教えからそれることがなかった。

もしあなたが「この本は役立ちそうだ」と思われたら、そして、しばらく経って、また「世界のほんとうの姿」がよくわからなくなったら、ぜひ繰り返し読んでみてください（もちろん、「こんな本、役に立たん！」と思われたら、二度と読む必要はありません）。

それだけで、**あなたが「世界」を見る視点は確実に変化し、クリアになっていく**でしょう。

あとがき　～「日本の自立」は、「私の自立」から

世界と日本は、いま新しい段階に入りつつあります。

世界の「主役」である覇権国家アメリカの衰退がだれの目にも明らかになっている。

そして、次の覇権を狙う「ライバル」中国や、「準主役」ロシアの動きが活発になっている。


日本を約七〇年間保護してきたアメリカ。

日本は、搾取されながらも、そこそこ幸せな生活をつづけることができました。

しかし、「平和ボケ」していられる時間は、もう少なくなっています。

既述のように、中国は、「日本には尖閣だけでなく、沖縄の領有権もない！」と宣言し、着々と強奪の布石を打っている。

日本は、アメリカが「もうあんたたちを守れませんよ。自分のことで精一杯」となったとき、自国を守れる準備ができているでしょうか？

もちろん、できていません。

私は、「日本が、中国の侵略をかわし、同時にアメリカからの自立も達成する方法」を、前著『日本自立のためのプーチン最強講義』で詳述しました。

しかし、もう一つ重要な問題があります。

私たちはいま、戦前・戦中の日本のリーダーたちの言動を見て、「ああ、あそこで間違えた！」

と知ることができます。

桂・ハリマン協定を破棄して、アメリカを怒らせた。

第一次世界大戦時、同盟国イギリスを見捨て、日英同盟を破棄された。

全世界の反対を押し切って、満州国を建国した。

国際連盟を脱退した。

そして、一九三七年に日中戦争がはじまったとき、日本は一国で、中国＋アメリカ＋イギリス＋ソ連の四大国と戦うハメになった。

これは、だれが見ても「一％の勝ち目もない戦い」でした。


ところで、国民は当時、日本政府の動きをどう見ていたのでしょうか？

一九三三年四月二七日、国際連盟を脱退した松岡洋右・全権が、日本に帰国しました。

このとき、国民の反応はどうだったのか？


〈松岡が横浜港に着いたのは、一九三三年四月二七日のことだった。**横浜は朝野をあげた歓呼の嵐だった。松岡を待つ数万もの人垣が港を埋め尽くし、**学生や在郷軍人らが日の丸の小旗を手に列をなしていた。松岡も甲板上から小旗を振って応えた。浅間丸が岸壁に横づけになると、**「万歳」「万歳」という声が怒涛のように沸き上がった。**〉（『なぜ、日米開戦は避けられなかったのか』服部龍二　NHK出版　126p）

〈華々しく帰朝した松岡は、いわば**連盟脱退の英雄として迎えられた**のである。

日本の要求を国際連盟に呑《の》ませることができず、圧倒的大差で敗れた末に退場したことは、本来なら外交的失策と批判されてもやむをえない。ところが松岡は、**官民挙げての歓待を受けた**。**多くの日本人は、異例にも明確な「ノー」を世界に突きつけたことに溜飲《りゅういん》を下げた**。〉（同前128p）

日本は国際連盟を脱退し、世界から完全に孤立していきました。

もちろん、それが「敗戦」の大きな要因だったことはいうまでもありません。

しかし、当時の国民は、連盟を脱退してきた松岡全権を、「**英雄**」として迎えたのです。

理由は、**はっきり「ノー！」といったから。（！）**

「**あ〜〜〜、すっきりした！**」

そういうことではないでしょうか？


再度強調しておきますが、私は「自虐史観」の持ち主ではありません。

世界一広大な植民地をつくったイギリスや、原爆で民間人を大虐殺したアメリカが、日本より「善だ」とは全然思いません。

しかし、いまは、「善悪」の話をしているのではありません。

「**負け戦**」**に向かっていく当時の日本政府を、日本国民自身が**「**圧倒的に支持していた**」**という事実。**

いま日本では、「日本は悪くなかった。悪いのは全部ずる賢いアメリカだ！」という論調が流行しています。

本書のなかでも、「フーバー元大統領がルーズベルトの真実を語った」ことに触れました。

ですから、「全部アメリカが悪い」という主張も理解できます。

しかし、**敗戦の理由をアメリカのせいにしても、明るい展望は描けません。**

なぜなら、アメリカは、いまも昔と変わらずずる賢い。

アメリカばかりでなく、欧州も中国もロシアもずる賢い。

日本だけは、「平和ボケ」して「ナイーブ」である。


最近はやりの、「アメリカがすべて悪い」。

理解はできますが、そこには、

「では、アメリカがまた敵になったとき、今度はどうやって勝つのか？」

「どうすれば、今度は世界から孤立しないですむのか？」

「どうやって、中国から尖閣・沖縄を守るのか？」

といった、重要な疑問への「解決策」「答え」がありません。

「自虐史観がなくなればすべてうまくいく」というのも「精神論」です。

繰り返しになりますが、戦前日本に「自虐史観」はなく、「神の国だ！」と信じていた。

それで、戦争に勝てましたか？

私たちが、**「自虐史観を捨て去ること」**はとても大切。

しかし、次の段階として、**私たち自身がこの国の主権者として、世界の大局を理解し、日本を正しい方向に導いていく力を身につけなければならない。**

「日本の自立」は、『私の自立』からはじまる。

私がこの本を書いた理由は、これです。

礼儀正しく、プロ意識が強く、なんでも極めてしまう職人気質の日本人は、大昔から賞賛の的でした。

しかし、一方で、「抽象度が高い話が苦手」という短所も確かにあります。

みなさんは、この本の内容を学ばれることで、「世界的視野」「大局観」「歴史観」「自分と相手の利害」「プロパガンダを見抜く力」などを身につけることができるでしょう。

それに、「物事を極める」日本人の長所が加わることで、**日本は「自立国家」に向かうことができるのです。**

もう一度いいます。

「日本の自立」は、『私の自立』からはじまる。

みなさんと一緒に、**世界に誇れる「自立国家日本」**を創っていきたいと思います。


この本は、大変多くの人々の協力を得て出版にいたることができました。

まず、集英社インターナショナルのみなさま。

特に、この本の「発案者」であり、編集を担当してくださった生駒正明氏。

（実際、生駒さんは、この本の「共著者」といえるほどです）

また、いままで私を育ててくださった人々がいなければ本書を出すことはできませんでした。

風雲舎の山平松生社長。

アウルズ・エージェンシーの下野誠一郎氏、田内万里夫氏。

元パブリッシンググリンク、および「小説新潮」元編集長の校條剛氏。

同じくパブリッシンググリンクの三浦圭一氏、定家励子氏、海野早登子氏。

元パブリッシンググリンク、広島香織氏。

元草思社、現筑摩書房の田中尚史氏。

週刊ダイヤモンドの津本朋子氏。

ダイヤモンド社の石田哲哉氏。

みなさまのおかげで、国際関係アナリストおよび作家としてのキャリアを積み重ねてくることができました。

本当にありがとうございます。

また、三万六〇〇〇人のメルマガ読者のみなさまに、心から感謝申し上げます。

この本を読まれ、「有益な情報だった。もっと知りたい！」というかたは、主に最新の世界情勢と、「日本自立」に関わる情報を配信している、私の無料メルマガ「ロシア政治経済ジャーナル」(http://www.mag2.com/m/0000012950.html)にぜひ登録してみてください。

最後までお読みくださり、ありがとうございました。

またお会いできる日が来るのを、心待ちにしております。

二〇一四年一二月

北野幸伯

北野幸伯（きたのよしのり）

国際関係アナリスト。

1970年生まれ。ロシアの外交官とFSB（元KGB）を専門に養成するロシア外務省付属「モスクワ国際関係大学（MGIMO《ムギモ》）」（モスクワ大学と並ぶ超エリート大学）を日本人として初めて卒業。政治学修士。卒業と同時に、ロシア・カルムイキヤ自治共和国の大統領顧問に就任。99年より無料メールマガジン「ロシア政治経済ジャーナル」を創刊（2014年現在、会員数約36,000人）。MGIMOで培った独自の視点と経験を活かし、従来とは全く違った手法で世界を分析する国際関係アナリストとして活躍中。著書に『ボロボロになった覇権国家』（風雲舎）『中国・ロシア同盟がアメリカを滅ぼす日』（草思社）『隷属国家日本の岐路』（ダイヤモンド社）『プーチン最後の聖戦』『日本自立のためのプーチン最強講義』（共に集英社インターナショナル）がある。ロシア・モスクワ在住。

「ロシア政治経済ジャーナル」

http://www.mag2.com/m/0000012950.html

〈参考・引用文献〉

『自滅するアメリカ帝国』伊藤 寛著（文春新書）
『日本の敵―グローバリズムの正体』渡部昇一・馬渕睦夫著（飛鳥新社）
『なぜリーダーはウソをつくのか』ジョン・J・ミアシャイマー著（五月書房）
『NHKさかのぼり日本史　外交篇［2］昭和“外交敗戦”の教訓
―なぜ、日米開戦は避けられなかったのか』服部龍二著（NHK出版）

〈写真版権・帰属一覧〉

P 15　サダム・フセイン、ビル・クリントン、ジョージ・W・ブッシュ―ウィキコモンズ
P 16　海上保安庁の巡視船に体当たりしてきた中国漁船―YouTube.com
P 27, 28, 29（左）―北野幸伯
P 29（右）　キルサン・イリュムジーノフ―ウィキコモンズ
P 35　平沼騏一郎―ウィキコモンズ
P 36　リーマン・ショック時のアメリカ証券取引所―ウィキコモンズ
P 85　蒋介石、毛沢東、鄧小平―ウィキコモンズ
P 152　アラン・グリーンスパン―ウィキコモンズ
P 155　ヴィクトル・ヤヌコビッチ、ヴィクトル・ユシチェンコ―ウィキコモンズ
P 161（左）　ハンター・バイデン―ウクライナの企業“BURISM”のHPより
P 161（右）　ジョー・バイデン―ウィキコモンズ
P 170　ムアンマル・アル＝カダフィ―ウィキコモンズ
P 203　ウラジーミル・プーチン―ウィキコモンズ
P 215　温家宝―ウィキコモンズ
P 226　ダグラス・マッカーサー、ハーバート・フーバー、
　　　フランクリン・ルーズベルト―ウィキコモンズ
P 244　バラク・オバマ、バシャル・アル＝アサド―ウィキコモンズ
P 254　アブー・バクル・アル＝バグダーディー―ウィキコモンズ
P 303　桂太郎、エドワード・ヘンリー・ハリマン、小村寿太郎―ウィキコモンズ
P 320　松岡洋右―ウィキコモンズ
P 329　ボリス・エリツィン、ミハイル・ゴルバチョフ―ウィキコモンズ
P 338　ジョン・アイケンベリー―ウィキコモンズ

日本人《にほんじん》の知《し》らない
「クレムリン・メソッド」
世界《せかい》を動《うご》かす11の原理《げんり》

2014年12月20日　第1刷発行
2019年 6 月29日　第6刷発行

著　者　北野幸伯《きたのよしのり》

発行者　手島裕明

装　丁　刈谷紀子(P-2hands)
デザイン　高木巳寛(P-2hands)

発行所　株式会社集英社インターナショナル
〒101-0064 東京都千代田区神田猿楽町1-5-18
電話　03-5211-2632

発売所　株式会社集英社
〒101-8050 東京都千代田区一ツ橋2-5-10
電話　読者係 03-3230-6080
販売部 03-3230-6393(書店専用)

プリプレス　株式会社昭和ブライト

印刷所　株式会社美松堂

製本所　ナショナル製本協同組合

ISBN978-4-7976-7281-7 C0095